PONS

Band 1

Zweifelsfrei Deutsch

Rechtschreibung

Sichere Antworten auf knifflige Fragen

von
Klaus Röhe

Ernst Klett Sprachen GmbH
Barcelona • Belgrad • Budapest • Ljubljana • London • Posen • Prag • Sofia
Stuttgart • Zagreb

PONS
Band 1
Zweifelsfrei Deutsch
Rechtschreibung

Sichere Antworten auf knifflige Fragen

von Klaus Röhe

Dieses Werk folgt der neuen amtlichen Regelung der deutschen Rechtschreibung, die am 1. August 2006 in Kraft trat.

Auflage A1 5 4 3 2 1 / 2010 2009 2008 2007

Internet: www.pons.de
E-Mail: info@pons.de

Redaktion: Corinna Löckle-Götz
Logoentwurf: Erwin Poell, Heidelberg
Logoüberarbeitung: Sabine Redlin, Ludwigsburg
Titelfoto: Vlado Golub, Stuttgart
Einbandgestaltung: Schmidt & Dupont, Stuttgart
Layout/Satz: Ulrike Eisenbraun, Dettingen
Druck: Legoprint
Printed in Germany.
ISBN: 978-3-12-561396-6

Zu diesem Buch

Sie fühlen sich recht sicher in Sachen Rechtschreibung. Die vielen Grundregeln haben Sie längst verinnerlicht. - Und doch kommt es vor, dass man beim Formulieren eines Satzes plötzlich ins Grübeln gerät. Schreibe ich hier zusammen oder getrennt? Muss da jetzt ein Komma stehen oder nicht?

PONS Zweifelsfrei Deutsch nimmt sich all der kleinen und größeren Problemfälle an, auf die jeder beim Schreiben immer mal wieder trifft.

Die griffig formulierten **Regeln** beantworten nicht nur Ihre konkreten Fragen, sondern lassen sich auch leicht auf andere Fälle übertragen. So lernen Sie jedes Mal, wenn Sie etwas wissen möchten, gleich ein wenig mehr dazu.

Zahlreiche **Querverweise**, erkennbar am *grauen Pfeil* →, machen Zusammenhänge deutlich. (Sofern neben der Regelnummer keine Seitenzahl angegeben ist, wird auf eine Regel im selben Kapitel verwiesen.)

Tipps mit dem Daumensymbol versorgen Sie mit wissenswerten weiterführenden Informationen.

Die Trillerpfeife warnt Sie vor ganz besonderen Stolperfallen.

So finden Sie schnell, was Sie suchen: Die entsprechende Regel zu Ihrer konkreten Frage können Sie nachschlagen über

- das ausführliche **Inhaltsverzeichnis** mit Beispielen ab Seite 4
- oder die **Erklärung grammatikalischer Fachbegriffe** ab Seite 78
- oder das **Sach- und Stichwortverzeichnis** ab Seite 87.

Machen Sie den Test! Jedes Kapitel beginnt mit einem unterhaltsamen Test, in dem Sie eigene Schwachstellen und Unsicherheiten aufspüren können. Die Nummern führen Sie dann direkt zur entsprechenden Regel.

Auf dass Sie bald 100 prozentig (oder 100%ig? → *R6, S. 52*) sicher sind!

Wann schreibe ich groß, wann klein?

Wann schreibe ich getrennt, wann zusammen?

Wie schreibe ich die Tageszeiten, Uhrzeiten, das Datum und die Zahlen?

Welche Regeln gelten für Abkürzungen?

Wo steht ein Bindestrich, wo ein Apostroph?

Wo setze ich Kommas?

Wie gehe ich mit Doppelpunkt und Anführungszeichen um?

Wann schreibe ich groß, wann klein?

Testen Sie Ihr Wissen.

Welche Schreibung ist richtig? Kreisen Sie sie ein.

Genießen **sie / Sie** [11] das Wetter, auch wenn's mal regnet! Es hat keinen Zweck, mit **ach und weh / Ach und Weh** [2] hinter der Gardine zu sitzen, dem Regen zuzuschauen, das **Trübsalblasen / Trübsal blasen** [1] zu üben oder vor lauter Verzweiflung zum **einkaufen / Einkaufen** [4] zu fahren. Auch **Schimpfen / schimpfen** [6] ist sinnlos, **Gutes / gutes** [3] fällt nicht immer vom Himmel, aber man kann aus **allem / Allem** [7] etwas **positives / Positives** [1] machen. Der **eine / Eine** [7] kann das vielleicht besser als der **andere / Andere** [7]. Wenn Sie ein **paar / Paar** [10] Gummistiefel Ihr **Eigen / eigen** [8] nennen, dann ist jetzt die Zeit, **sie / Sie** [11] hervorzuholen. Tun Sie, was Sie in **Ihren / ihren** [11] Kindertagen schon gerne taten: Springen Sie durch die Pfützen, durch die **kleinen und großen / Kleinen und Großen** [5]. Und weiter geht's zur **Hohen / hohen** Straße [9] oder rund um den **kölner / Kölner** Dom [9]! Die ersten Schritte, eventuell die **Ersten / ersten** [1] [5] **Hundert / hundert** [1] [5], sind vielleicht etwas **ungewohnt / Ungewohnt** [3], aber **alles in allem / Alles in Allem** [7] tut es Ihnen nicht **leid / Leid** [13], dass Sie sich hinausgewagt haben. Zurück im **trockenen / Trockenen** [4] wird sich ein **jeder / Jeder** [7] zu **recht / Recht** [14] wohlfühlen – **dank / Dank** [12] ausreichender Bewegung. Aber nicht vergessen: Genießen Sie die Sonne, wenn sie tatsächlich scheint!

Lösung: Sie – Ach und Weh – Trübsalblasen – Einkaufen – **beides möglich:** Schimpfen / schimpfen – Gutes – allem – Positives – eine – andere – Paar – Eigen – sie – Ihren – kleinen und großen – Hohen Straße – Kölner – ersten – hundert – ungewohnt – alles in allem – leid – Trockenen – jeder – Recht – dank

1 *der, dein, welcher* – Begleiter machen ein Wort zum Nomen

Fast alle Wörter können zu Nomen werden, wenn ihnen ein Begleiter vorangestellt wird und wenn sie sich nicht bereits auf ein Nomen beziehen, das zuvor oder danach genannt wird. Dann schreibt man sie groß.

Begleiter des Nomens können sein:
- die Artikel ***der, die, das*** und ***ein, eine***
- der verneinende Artikel ***kein, keine***
- die Possessivpronomen ***mein, dein, sein*** …
- die Demonstrativpronomen ***dieser, jener, solcher*** …
- bestimmte und unbestimmte Zahlwörter, z. B. ***zwei, hundert, viele, alle(s), beide, manche, einige, wenige, etwas, nichts, viel, mancherlei*** …
- die Fragepronomen ***welcher, welche, welches***

Beispiele:

Begleiter … *Begleiter*
Adjektiv: *Gibt's* ***etwas N****eues zu berichten? – Ja, es gibt* ***mancherlei N****eues.*

Begleiter
Partizip: ***Viele V****ertriebene integrierten sich nur schwer in ihrer neuen Umgebung.*

Begleiter
Mehrere ***hundert R****eisende steckten im Tunnel fest.*

Begleiter … *Begleiter* … *Begleiter*
Adverb: ***Das H****ier und* ***(das) J****etzt zählt. Aber mich stört* ***das D****rum und* ***D****ran.*

Begleiter
Präposition: ***Das*** *ewige* ***A****uf und* ***A****b macht mich noch wahnsinnig!*

Begleiter … *Begleiter*
Verb: ***Das S****pielen auf dem Klavier fiel ihm schwerer als* ***das T****rübsalblasen.*

→ *siehe auch R6, R8, S. 25*

Aber: Die Wendungen ***ein bisschen, ein/e jeder/e/es*** und ***die beiden*** werden kleingeschrieben, obwohl ein Begleiter vorangestellt ist! → *siehe auch R7*

2 Kein Begleiter da? Manchmal lässt er sich ergänzen

Manchmal steht aus stilistischen Gründen kein Begleiter vor einem Nomen oder nominalisierten Wort, aber er lässt sich leicht ergänzen:

Vor ***D****ienstschluss sind alle Geräte auszuschalten.* → *Vor* ***dem D****ienstschluss* …
mit ***A****ch und* ***W****eh* → *mit* ***einem A****ch und* ***W****eh*

Machen Sie die Probe. Lässt sich ein Begleiter davorstellen und klingt der Satz dann immer noch grammatikalisch richtig, schreiben Sie groß.

3 *Neues* wie *Altes* – versteckte Begleiter in der Deklinationsendung

Manchmal versteckt sich bei nominalisierten Adjektiven und Partizipien der Begleiter in der Deklinationsendung. Er ließe sich aber leicht ergänzen.

*Man darf **B**ös**es** denken, aber sollte **G**ut**es** tun. (etwas Böses, viel Gutes)*
*Bitte werfen Sie **V**erschimmelt**es** schnellstmöglich weg. (das Verschimmelte)*
*In den Nachrichten wird **G**ut**em** weniger Aufmerksamkeit geschenkt als **S**chlecht**em**. (etwas Gutem, etwas Schlechten)*

Auch in solchen Fällen steht kein Nomen dabei, auf das sich die Adjektive und Partizipien beziehen könnten. Sie sind also selbst zum Nomen geworden.

Nach ***alles, derlei, etwas, mancherlei, nichts, viel, (ein) wenig*** schreibt man Adjektive und Partizipien nur dann groß, wenn sie dekliniert sind:

*Wir haben gerade etwas ganz **L**ecker**es** gegessen. Als **N**ächst**es** gibt's Eis.*
Die Adjektive *Leckeres* und *Nächstes* haben eine Deklinationsendung
→ Großschreibung.

*Aber die Suppe war etwas / ein wenig **s**charf und **v**ersalzen.*
Die Adjektive *scharf* und *versalzen* haben keine Deklinationsendung
→ Kleinschreibung.

4 *aufs, unters, übers* – Präposition + Artikel als Begleiter

Manchmal verschmilzt der bestimmte Artikel mit einer Präposition. Dennoch gilt: Der Artikel ist ein Begleiter und das Wort, auf das er sich bezieht, muss großgeschrieben werden – es wird ein Nomen.

***Im** (= in dem) **A**llgemeinen war das Wetter gut.* (nominalisiertes Adjektiv)
***Vorm** (= vor dem) **E**ssen bitte Hände waschen!* (Nomen / nominalisiertes Verb)
***Zum** (= zu dem) **A**bspülen sind wir noch nicht gekommen.* (nominalisiertes Verb)
***Beim** (= bei dem) allabendlichen **L**esen finde ich Ruhe.* (nominalisiertes Verb)
*Und vielen Dank **fürs** (= für das) **A**ufräumen!* (nominalisiertes Verb)

Alle Verschmelzungen von Präposition + Artikel im Überblick				
am	*ans*	*aufm / auf'm**	*aufn / auf'n**	*aufs*
fürs	*durchs*	*hinterm*	*hintern*	*hinters*
im	*ins*	*überm*	*übern*	*übers*
ums	*unterm*	*untern*	*unters*	*vom*
vorm	*vorn*	*vors*	*zum*	*zur*

Aufgepasst: Verschmelzungen von Präposition + Artikel schreibt man bis auf die beiden Ausnahmen (*) **ohne Apostroph**!

Einige **häufig benutzte Wendungen** mit Verschmelzung aus Präposition und Artikel:

im Allgemeinen	**fürs E**rste genug haben	**zum H**eulen sein
alles **beim A**lten lassen	**zum E**rsten, **zum Z**weiten und **zum D**ritten	**ans L**etzte denken
im Argen liegen	**aufs G**anze gehen	**im M**indesten
im Besonderen	**im G**eheimen	**am N**ötigsten sparen
etwas **zum B**esten geben	**im G**roßen und **G**anzen	**im St**illen bedenken
im Dunkeln tappen	sich **zum G**uten wenden	**im Tr**üben fischen
nicht **im E**ntferntesten	**im H**ier und **J**etzt	**ums** nackte **Ü**berleben gehen

Nicht verwechseln: Das Wort ***am*** vor einem Superlativ ist keine Verschmelzung aus Präposition und Artikel ⟶ Kleinschreibung:

*Du bist **am g**rößten, **s**chönsten* (adjektivischer Gebrauch auf die Frage „wie?").

5 Ein Adjektiv oder Partizip muss nicht immer nah beim Nomen stehen

Ein Adjektiv oder Partizip, das sich auf ein Nomen bezieht, muss nicht immer ganz in seiner Nähe stehen. Dennoch schreibt man es klein. Man könnte das Nomen auch nochmals nennen, aber es würde nicht gut klingen.

*Es gibt viele **Rechtschreibregeln**. In diesem Buch finden Sie die **schwierigsten** (Rechtschreibregeln).*

*Die **ältesten** (Freunde) meiner **Freunde** sind neulich weggezogen.*

*Mit zögerndem **Schritt** kommt man langsamer voran als mit **energischem**.*

6 Infinitive groß- oder kleinschreiben? – Hier haben Sie die Wahl

*In diesem Bereich ist **R**auchen / **r**auchen verboten!*

In Fällen wie in diesem Beispiel können Sie zwischen der Groß- und Kleinschreibung wählen, je nachdem, wie Sie solche Konstruktionen grammatikalisch betrachten:

- Sie sehen den Infinitiv als nominalisiertes Verb, bei dem der bestimmte Artikel weggelassen wurde. Er ließe sich leicht ergänzen. → Großschreibung:
  *In diesem Bereich ist (das) **R**auchen verboten!*
- Sie halten diese Konstruktion für eine verkürzte Version eines Satzes mit einem Infinitiv mit *zu*. → Kleinschreibung:
  *In diesem Bereich ist es verboten zu **r**auchen.*

Zwei weitere Beispiele:
*Sie lernt gerade **L**esen / **l**esen und **S**chreiben / **s**chreiben.*
*Bekanntlich geht **P**robieren / **p**robieren über **S**tudieren / **s**tudieren.*

7 *die beiden* und *noch jemand* – Indefinitpronomen und unbestimmte Zahlwörter

Indefinitpronomen und unbestimmte Zahlwörter (Numeralia) werden in der Regel kleingeschrieben, auch wenn ein Artikel davorsteht. Aber es gibt Ausnahmen. Prägen Sie sich deshalb am besten die folgende Übersicht gut ein:

Immer kleingeschrieben, auch wenn bei manchen ein Artikel davorgesetzt werden kann:	Normalerweise Kleinschreibung, aber Großschreibung, wenn ein Begleiter dabeisteht:
beide, die beiden *Ich kenne die **b**eiden schon lange.*	**alles** *Ich habe **a**lles erledigt. Das ist **a**lles in **a**llem sehr gut. Du bist mein **E**in und **A**lles.*
irgendein, irgendeine, irgendeiner *Er war nicht **i**rgendeiner.*	**etwas** *Ich habe **e**twas gefunden.* *Ich sah ein kleines **E**twas.*
(ein) jeder, (eine) jede, (ein) jedes *Ein **j**eder muss für sich sorgen.*	**jemand** *Hier ist **j**emand für dich.* *Du bist ein **J**emand.*
mancher, manche, manches *Ich habe **m**anches dazugelernt.*	**nichts** *Hier ist **n**ichts.* *Ich stand vor dem **N**ichts.*

etliche, etliches *Es kamen* ***e****tliche zum Fest.* *Ich kann dir* ***e****tliches erzählen.*	**niemand** *Ich kenne hier* ***n****iemanden.* *Du bist ein* ***N****iemand.*
Normalerweise Kleinschreibung (auch bei vorangehendem Begleiter), aber Großschreibung erlaubt zur Betonung des nominalisierten Gebrauchs:	
(der, die, das) eine *Das kann* ***e****inem leidtun. Wir trauen nur dem* ***e****inen /* ***E****inen da.*	**(der, die, das) andere** *Keine* ***a****ndere lügt so wie sie. Wir tun das* ***a****ndere /* ***A****ndere, das Neue. Das ist etwas ganz* ***a****nderes /* ***A****nderes. –* *Das sind nicht die Guten, das sind die* ***a****nderen /* ***A****nderen.*
die meisten, das meiste *Die* ***m****eisten von uns sind zu jung.* *Er hat das* ***M****eiste/****m****eiste getan.*	
viel *Er redet* ***v****iel. Er hat in* ***v****ielem /* ***V****ielem Recht.*	**wenig** *Wir wissen nur* ***w****enig. Aber das* ***w****enige /* ***W****enige reicht uns.*

Weitere Beispiele für Kleinschreibung (keine besondere Betonung)
Der ***e****ine arbeitet, der* ***a****ndere nicht.*
Berufen sind ***v****iele, aber nur* ***w****enige sind auserwählt.*
Bei uns bekommen Sie Pizza, Döner und ***v****ieles andere mehr.*
Das Wetter war alles ***a****ndere als schön.*

Weitere Beispiele für Großschreibung bei betont nominalisierter Verwendung:
Das ***V****iele, was auf mich einströmt, macht mich noch kaputt.*
Er verwaltet das ***W****enige, das noch da ist, hervorragend.*
Er ist der ***E****ine, der* ***E****inzige* (Adjektiv → *R1*)*, der uns helfen kann.*
Er strebt nach dem ***A****nderen, dem* ***B****esonderen* (Adjektiv → *R1*).

8 Vorsicht bei feststehenden Ausdrücken!

Bei feststehenden Ausdrücken ist die Regelung leider ein wenig unübersichtlich; hier hilft eine Tabelle am besten weiter:

	Immer ohne vorausgehenden Artikel	
Großschreibung	**Kleinschreibung** bei Ausdrücken aus Präposition + <u>undekliniertem</u> Adjektiv	**Groß- oder Kleinschreibung** bei Ausdrücken aus Präposition + <u>dekliniertem</u> Adjektiv
Schwarz mit **W**eiß mischen;	**s**chwarz auf **w**eiß	bei **W**eitem / **w**eitem

aus **S**chwarz **W**eiß machen; sich in **S**chwarz kleiden	von **n**ah und **f**ern	von **W**eitem / **w**eitem
	auf **st**ur schalten	
des **W**eiteren	sich zu **e**igen machen	ohne **W**eiteres / **w**eiteres bis auf **W**eiteres / **w**eiteres
auf **G**rün schalten	**g**rau in **g**rau	
Jung(e) und **A**lt(e)	**w**eh und **a**ch schreien	von **N**euem / **n**euem
Arm(e) und **R**eich(e)	über **k**urz oder **l**ang	von **N**ahem / **n**ahem
Groß(e) und **K**lein(e)	gegen **b**ar, in **b**ar	binnen **K**urzem / **k**urzem vor **K**urzem / **k**urzem seit **K**urzem / **k**urzem
jenseits von **G**ut und **B**öse	von **k**lein auf	
in **B**lau, **R**ot malen	auf Nummer **s**icher gehen	
	durch **d**ick und **d**ünn	seit **L**angem / **l**angem seit **L**ängerem / **l**ängerem
	an **p**rivat, von **p**rivat	

9 *J. W. von Goethe* am *Kölner Platz* – Personen- und Straßennamen

Artikel und Präpositionen im Namen schreibt man **klein** – auch wenn man den Namen nicht vollständig nennt:
*Walther **v**on **d**er Vogelweide, Andreas **v**om Hofe, Henry **t**er Laak*
*Es gab einen Bischof namens **v**an der Velden.*

Für **Straßennamen** gilt:

- Besteht der Name aus zwei Teilen, von denen der erste **keine Endung** trägt, so schreibt man zusammen:
  Hauptstraße, Bonngasse, Hochweg
- Trägt der erste Teil des Namens eine Endung wie ***-er*** oder ***-sche(r)*** oder eine andere Beugungsendung, so muss man getrennt schreiben, es sei denn, dass die Endung zum Namen gehört:
  *Köln**er** Landstraße, Klevisch**er** Ring, Hoh**e** Straße;* **aber:** *Neandertal**er**straße*
- Sind mehrteilige Personennamen an Straßenbezeichnungen beteiligt, stehen **Bindestriche** zwischen allen Teilen:
  Konrad-Adenauer-Ufer, Karl-von-Mayer-Platz, Dr.-Johannes-Halbsguth-Straße
- Straßennamen beginnen immer mit einem **großen Anfangsbuchstaben**; im Namensinneren schreibt man Adjektive groß, Präpositionen und Artikel klein:
  ***A**n **d**er **L**angen Mauer, **H**inter **d**em **A**lten Driesch*

Straßennamen wie *Hohe Straße* oder *Klevischer Ring* werden dekliniert:
*Ich wohne in der Hoh**en** Straße / am Klevisch**en** Ring.*

Anders ist es bei Zitaten. → *R3, S. 75*

10 ***Paar* oder *paar*?**

Das Wort ***(ein) paar*** bezeichnet eine unbestimmte, aber eher kleine Anzahl zählbarer Dinge:
*ein **p**aar Äpfel, ein **p**aar Brötchen, ein **p**aar Münzen.*

Mit einem ***Paar*** (Verkleinerungsform: *Pärchen*) sind immer zwei, eben paarweise vorkommende Dinge gemeint:
*ein **P**aar Socken, ein **P**aar Augen, ein **P**aar Schuhe; sie sind ein **P**aar.*

Lässt sich ***ein paar*** durch *einige* oder *wenige* ersetzen und ändert sich der Sinn des Satzes dadurch nicht, schreiben Sie klein.

11 ***Sie* als höfliche Anrede, *du* und *ihr***

Das Personalpronomen ***Sie*** mit seinen Deklinationsformen wird als höfliche Anrede verwendet und immer großgeschrieben. Das gilt auch für das entsprechende Possessivpronomen ***Ihr:***
*Könnten **S**ie mir bitte helfen? Ich danke **I**hnen sehr. Geht **I**hre Uhr richtig?*

Das großgeschriebene Pronomen meint immer die angesprochene Person; ist jemand anders gemeint, muss man kleinschreiben.

*Haben **S**ie **I**hre Uhr wiedergefunden?*	Die angesprochene Person und ihre Uhr sind gemeint.
*Haben **s**ie **I**hre Uhr wiedergefunden?*	Eine Gruppe anderer hat die Uhr der angesprochenen Person gesucht.
*Haben **S**ie **i**hre Uhr wiedergefunden?*	Die angesprochene Person hat nach der Uhr einer dritten (weiblichen) Person gesucht.
*Haben **s**ie **i**hre Uhr wiedergefunden?*	Man spricht über andere (nicht Anwesende), die eine Uhr suchten.

Man sieht, dass sich je nach Schreibung der Pronomen der Sinn des Satzes ändert.

In Briefen darf man die **vertrauliche Anrede** mit ***du / dein*** und entsprechend in der Mehrzahl mit ***ihr / euer*** wahlweise groß- oder kleinschreiben:

Liebe Sarah,
*danke, dass **du / Du dich / Dich** bereit erklärt hast, uns **eure / Eure** Ferienwohnung zur Verfügung zu stellen, denn **ihr / Ihr** könnt **euch / Euch** gar nicht vorstellen, ...*

Achten Sie aber auf die Groß- und Kleinschreibung in folgenden Fällen:

*Ich habe ihm das **D**u angeboten. Du kannst ihn mit **D**u anreden. Du kannst ruhig **d**u / **D**u zu mir sagen. Wir sind schon lange per **d**u / per **D**u.*

12 *Dank, Kraft, Laut, Trotz, Zeit* – groß oder klein?

Diese Wörter sind ursprünglich Nomen und werden deshalb großgeschrieben:

*Vielen **D**ank.* *Volle **K**raft voraus!* *Kein **L**aut war zu hören.*
*Sie weint aus **T**rotz.* *Nimm dir **Z**eit.*

→ *siehe auch R2*

Verwendet man diese Wörter aber als Präpositionen, muss man kleinschreiben:
*Es geht mir wieder gut **d**ank deiner Fürsorge.* (*dank* + Genitiv)
*Er befördert den Beamten **k**raft seines Amtes.* (*kraft* + Genitiv)
*Er ist **l**aut ärztlicher Diagnose völlig gesund.* (*laut* + Dativ)
*Wir gehen spazieren **t**rotz des schlechten Wetters.* (*trotz* + Genitiv)
*Sie arbeiteten **z**eit ihres Lebens. (zeit + Genitiv)*

Merken Sie sich die unterschiedliche Schreibung bei folgenden Fällen:

*Wir sind **zurzeit*** (Adverb!) *sehr beschäftigt.* **Aber:** *Zur Zeit des Zweiten Weltkriegs.*
Lässt sich *zurzeit* durch *im Moment / gerade* ersetzen → Kleinschreibung.

*Ich wohne hier **z**eit meines Lebens.* **Aber:** *Er schnarchte **zeitlebens**.*

13 *Angst, Bange, Gram, Leid, Pleite, Schuld, Freund, Feind* – groß oder klein?

Diese Nomen werden zu Adjektiven, wenn sie **mit *sein*, *werden* oder *bleiben* verbunden** sind. Dann werden sie kleingeschrieben. Beispiele bietet die Übersicht:

Nomen → Großschreibung	**Kleinschreibung**
*Wir haben **A**ngst. Ihr macht uns **A**ngst.*	*Da wird uns aber **a**ngst …*
*Hab nur keine **B**ange.*	*… und **b**ange!*
*Sie wurde krank vor **G**ram.*	*Du darfst mir nicht **g**ram bleiben, bitte!*
*Geteiltes **L**eid ist halbes **L**eid.* *Erlkönig hat mir ein **L**eid angetan.*	*Ich bin es endgültig **l**eid. Und es tut mir nicht **l**eid. Aber ihm wird es bald **l**eidtun.*
*Der Event war eine große **P**leite.* *Wir machen damit **P**leite.*	*Damit ist unser Laden **p**leite.*
*Er hat keine **S**chuld an der Lage.*	*Er ist nicht **s**chuld daran.*
*Hilf mir, wenn du mein **F**reund bist.* *Wir sind doch gut **F**reund, oder?*	*Die beiden sind sich nicht **f**reund.*
*Sie sind erbitterte **F**einde.*	*Wir werden uns wohl ewig **f**eind sein.*

Das Verb ***pleitegehen*** wird im Infinitiv und als Partizip zusammengeschrieben.
*Wir werden bald **pleitegehen**. Der Verein ging **p**leite / ist **p**leitegegangen.* → R4

14 *Recht* und *Unrecht* – groß oder klein?

Es gibt eine Menge Verwendungen dieser Wörter, darunter etliche Redewendungen, die eine Unterscheidung zwischen Groß- und Kleinschreibung nicht leicht machen. Die Regeln 1 bis 4 dieses Kapitels lassen sich aber auch hier anwenden.

Großschreibung	**Kleinschreibung**
*Es ist geltendes **R**echt.* *Wir sind im **R**echt / **U**nrecht.* *Sie tun nichts **U**nrechtes.* *Sie entscheidet nach **R**echt und **G**ewissen.* *Von **R**echts wegen entlassen!* *Sie wurde zu **R**echt / **U**nrecht bestraft.*[1] *Wir werden vor Gericht (unser) **R**echt suchen / finden.*	*Die Wände stehen im **r**echten Winkel.* *Das ist (mir) **r**echt / **u**nrecht.* *Es geschieht dir **r**echt.* *Gehe ich **r**echt in der Annahme …?* *Es ist nur **r**echt und billig …* *Dir kann man nichts **r**echt machen.* *So ist's **r**echt.*

[1] Unterscheiden Sie hiervon Zusammensetzungen mit ***zurecht-***, z. B.:
Ich finde mich mit den Neuerungen nicht zurecht. Wir müssen mit ihm zurechtkommen. Du musst dir deine Argumente aber vorher gut zurechtlegen.

In Verbindung mit den Verben ***behalten, bekommen, geben, haben*** und ***daran tun*** haben Sie jedoch die Wahl zwischen Groß- und Kleinschreibung, also zum Beispiel: *Du hast ja **R**echt / **r**echt. Du hast **R**echt / **r**echt daran getan, es ihm zu sagen. Aber du weißt, dass ich immer **R**echt / **r**echt behalten will. Und meistens bekomme ich **R**echt / **r**echt!*

Wann schreibe ich getrennt, wann zusammen?

Testen Sie Ihr Wissen!

Unterstreichen Sie, was richtig ist.

Rotkäppchen, ein **wohl erzogener / wohlerzogener** 15 Teenager mit **blau-grauen / blaugrauen** 2 Augen, lebte bei ihrer Mutter, die eines Tages sagte, als sie gerade das Essen **warm machte / warmmachte** 5 : „Du musst morgen **früh aufstehen / frühaufstehen** 6 und Oma besuchen **an statt / anstatt** 16 deinen Freund. Bitte tu es ihr **zuliebe / zu liebe** 17 und um **meinet Willen / meinet-willen** 19 . Es muss morgen endlich **statt finden / stattfinden** 10 . Es ist höchste Zeit, mal wieder **hinzugehen / hin zu gehen** 14 . Du musst **deswegen / des wegen** 20 bei Aldi **vorbei fahren / vorbei-fahren** 3 und ein Sixpack **Alkohol freies / alkoholfreies** 1 Bier und einen **tief gefrorenen / tiefgefrorenen** 4 Kuchen kaufen. Aber du darfst nichts im Einkaufswagen **liegen lassen / liegenlassen** 13 !“ Also zog Rotkäppchen von **zu Hause / zuhause** 16 los und beschloss, die Worte ihrer Mutter **ernst zu nehmen / ernstzunehmen** 4 und unterwegs nicht **Halt zu machen / haltzumachen** 8 , um **eiszuessen / Eis zu essen** 11 . Warum konnte Mutter nicht wenigstens **dabei sein / dabeisein** 7 ? Sie war **zufuß / zu Fuß** 16 zum Senioren-heim unterwegs, als sie auf den **wenig Vertrauen erweckenden / wenig vertrauen-erweckenden** 15 Wolf traf, der gerade **krank geschrieben / krankgeschrieben** 15 war. Sie wollte **seinetwegen / seinet wegen** 19 nicht zu spät kommen, **sodass / so dass** 18 sie, als er Rotkäppchen bat, ihre Oma **kennen lernen / kennenlernen** 13 und **sprechen zu dürfen / sprechenzudürfen** 12 14 , schnell sagte, dass Oma gerne andere **Maß regelt / maßregelt** 9 . Da verzog der Wolf erst die Schnauze und dann sich selbst.

Lösung: *beides möglich:* wohl erzogener / wohlerzogener – blaugrauen – *beides möglich:* warm machte / warmmachte – früh aufstehen – anstatt – zuliebe – meinetwillen – stattfinden – hinzugehen – deswegen – vorbeifahren – alkoholfreies – tiefgefrorenen – liegen lassen – *beides möglich:* zuhause / zu Hause – ernst zu nehmen – *beides möglich:* Halt zu machen / haltzumachen – Eis zu essen – dabei sein – zu Fuß – Vertrauen erweckenden – krankgeschrieben – seinetwegen – *beides möglich:* sodass / so dass – *beides möglich:* kennen lernen / kennenlernen – sprechen zu dürfen – maßregelte

1 *fingerbreit* und *lernbegierig* – Nomen + Adjektiv, Verbstamm + Adjektiv

Nomen und Verbstämme, die mit einem Adjektiv als hinterem Bestandteil zu einem neuen Adjektiv zusammengesetzt werden, schreibt man zusammen.

abiturähnlich, eiskalt, fahruntüchtig, glasklar, handwarm, kochfest, knochentrocken, kreisrund, mühevoll, schulmüde, sprungbereit, stinklangweilig

Solche Zusammensetzungen sind in der Regel Verkürzungen eines längeren Ausdrucks:
baumlang = lang wie ein Baum, *denkfaul* = zu faul zum Denken

2 *nasskalt, siedend heiß* und *winzig klein* – andere zusammengesetzte Adjektive

Achten Sie auf die Betonung! Wenn der erste Teil eines Wortes stärker betont wird als der zweite, schreibt man zusammen. Liegt die Hauptbetonung auf dem zweiten Teil oder ist die Betonung auf beide Teile fast gleich verteilt, schreiben Sie getrennt.
Das Kind ist frühreif. **Aber:** *In diesem Jahr sind die Kirschen früh reif.*
Das sind leichtverständliche Regeln. **Aber:** *Es ist leicht verständlich, dass …*
Da waren lauter halbtote Insekten. **Aber:** *Ich bin schon halb krank vor Wut.*

Wenn Sie sich die folgenden Regeln einprägen, können Sie die Schreibung der meisten zusammengesetzten Adjektive selbst ableiten.

Zusammenschreibung, …	Beispiele
wenn einer der beiden Bestandteile oder auch beide nicht als selbstständiges Wort vorkommen	***letztmalig*** (*letzt* und *malig* kommen nicht alleine vor), *blut**rünstig***, ***schwerst**behindert*, *dick**häutig***, *blau**äugig***, *hinter**gründig***, ***lese**faul*
wenn das Wort ein Fugenelement enthält	*gebrauch**s**fertig, hoffnung**s**froh, sonne**n**warm, werb**e**wirksam*
wenn der erste Bestandteil bedeutungsverstärkender oder -vermindernder Art ist	*altbekannt, bitterböse, brandneu, extradick, grundfalsch, halbbitter, knallrot, leichtgläubig, stahlhart, superschlau, tiefblau, vollschlank*
wenn es sich um zwei gleichrangige Adjektive handelt	*blaugrau* (zugleich *blau* und *grau*), *bittersüß, dummdreist, nasskalt*

Verbindungen aus **Partizip + Adjektiv** schreibt man ***getrennt***. Beide Wörter sind etwa gleich stark betont:

siedend heiß, verschwindend gering, wechselnd wolkig, brüllend heiß, gerammelt voll, verdammt eng

Dasselbe gilt für Verbindungen aus **Adjektiv + Adjektiv**, wenn das erste Adjektiv auf ***-ig, -lich*** oder ***-isch*** endet:

winzig klein, herrlich warm, höllisch heiß

3 *wiedersehen* und *vorbeifahren* – Adverb + Verb: Die Betonung entscheidet!

Wenn Verben mit einem Adverb als trennbarem Präfix ein neues Wort bilden und wenn **auf dem Adverb die Hauptbetonung** liegt (→ *vgl. Tipp in Regel 2*), muss man im Infinitiv und in den Partizipien **zusammenschreiben**:
daransetzen, hinterherlaufen, etwas hinzufügen, vorbeifahren, das Wetter vorhersagen, etwas vorwärtsbringen, jemanden wiedersehen, sich zurückziehen

Wenn der Verbzusatz allerdings als **eigenständiges Adverb** auftritt, sind beide Teile gleich betont und man schreibt **getrennt**:
Ich werde dir vorher sagen, wann es losgeht. Du musst einfach daran glauben! Der Blinde möchte wieder sehen können.

Diese Regel gilt für eine große Menge von Adverbien, u. a. auch für alle Adverbien, die auf ***-einander*** und ***-wärts*** enden. Hier muss man immer auf die Betonung achten.

Beispiele für weitere Adverbien, die Verbzusatz sein können:
da, dabei, dafür, dagegen, daher, dahin, daneben, daran, darauf, darüber, darum, darunter, davon, davor, dazu, dazwischen, hier, hinein, hinterher, nebenher, vorher, vorweg, weiter, wieder zusammen, zuvor

Beispiele:
Du musst die Teile ***aneinanderfügen****.* ↔ *Wir wollen immer* ***aneinander denken****.*
Er soll bitte ***dableiben****.* ↔ *Du musst* ***da bleiben****, wo du bist.*
Sie müssen den Pass ***dabeihaben****.* ↔ *Man muss* ***dabei stehen*** *(bei dieser Tätigkeit).*
Sie wird bald ***dahinscheiden****.* ↔ *Wir müssen ihn* ***dahin bringen****, dass …*
Du musst alles ***daransetzen****, dass …* ↔ *Ich habe noch gar nicht* ***daran gedacht****.*
Er ist noch einmal ***davongekommen****.* ↔ *Es kann* ***davon kommen****, dass …*
Können Sie mal bitte den Stuhl ***davorstellen****?* ↔ *Es ist* ***davor passiert****.*
Du musst die Flaschen ***dazustellen****.* ↔ *Ich bin noch nicht* ***dazu gekommen****.*

*Wir können den Hund **hierbehalten.*** ↔ *Ich möchte **hier bleiben.***
*Er versuchte **hineinzugehen.*** ↔ *Es macht Spaß in den Tag **hinein zu leben.***
*Ihr könnt uns **hinterherfahren.*** ↔ *Ich habe es erst **hinterher erfahren.***
*Bitte den Schalter **rückwärtsdrehen.*** ↔ *Bitte nur **rückwärts einparken.***
*Wer kann schon das Wetter **vorhersagen**?* ↔ *Das hättest du **vorher sagen** sollen.*
*Du hast mir die Frage **vorweggenommen.*** ↔ *Das kannst du **vorweg erledigen.***
*Wie wollen wir jetzt **weiterkommen**?* ↔ *Wir müssen es **weiter beobachten.***
*Er hat das Bewusstsein **wiedererlangt.*** ↔ *Ich möchte bald **wieder kommen.***
*Soll ich die Fotos **zusammentragen**?* ↔ *Wir müssen die Kisten **zusammen tragen.***
*Er ist mir **zuvorgekommen.*** ↔ *Ich habe es bereits **zuvor erledigt.***

Bei manchen Zusammensetzungen von Adverb + Verb ist die **ursprüngliche Bedeutung des Adverbs verlorengegangen**. Man schreibt sie zusammen:

abhandenkommen	anheimstellen	darlegen
einhergehen	fehlgehen	feilbieten
fürliebnehmen	heimsuchen	hintanstellen
innehalten	irreführen	kundtun
überhandnehmen	nicht umhinkönnen	mit etwas vorliebnehmen
zurechtkommen	zuteilwerden	

*Der Unternehmenserfolg soll ihnen in Form einer Prämie **zuteilwerden.***
*Sie haben nicht **umhingekonnt**, ihm die Wahrheit zu sagen.*

4 *ernst nehmen* und *dichtmachen* – Adjektiv + Verb: Die Wortbedeutung entscheidet

Stellt man einem Verb ein Adjektiv in adverbialer Verwendung voran, schreibt man **getrennt**. Das Adjektiv antwortet dann auf die Frage „wie?“:

*Du musst hier **langsam fahren.*** (Wie muss ich fahren?)
*Ich glaubte, sie würden **gleich denken.*** (Wie würden sie denken?)

Weitere Beispiele:
freundlich winken, sich dumm stellen, ernst nehmen, falsch schreiben, kalt lächeln

Entsteht allerdings durch die Verbindung von Adjektiv und Verb eine neue Bedeutung in einem übertragenen Sinn, muss man zusammenschreiben, z. B.:
blaumachen (= schwänzen), *falschspielen* (= betrügen), *mit jdm. gleichziehen* (auf den gleichen Stand kommen), *jdn. kaltstellen* (= handlungsunfähig machen), *jdn. krankschreiben* (attestieren, dass jemand krank ist)

In einigen Fällen sind **beide Schreibweisen** möglich; dann aber handelt es sich auch um zwei verschiedene Bedeutungen. Hier hilft die Betonungsregel.

(→ siehe R2)

Beispiele:

Getrenntschreibung	Zusammenschreibung
jemand anderem ähnlich sehen	ähnlichsehen (typisch sein für jdn.)
falsch spielen (auf dem Klavier)	falschspielen (betrügen)
(ein Referat) frei sprechen	(von Schuld) freisprechen
groß schreiben (in großer Schrift)	großschreiben (mit großem Anfangsbuchstaben)
(ein Diktat) gut schreiben	(dem Konto) gutschreiben
schlecht machen (in schlechter Qualität)	schlechtmachen (herabsetzen)

Einige Verben mit Adjektiv bilden **untrennbare Verbindungen**:

tiefkühlen, tiefgefrieren, tiefstapeln, liebäugeln. Alle Formen bleiben ungetrennt:
tiefkühlen → ich tiefkühle, tiefkühlend, tiefgekühlt

→ Zum Infinitiv mit zu siehe R14

5 *kleinschneiden, warm machen* – Adjektiv + Verb: In diesen Fällen haben Sie die Wahl

Drückt das Adjektiv das Ergebnis der Verbhandlung aus, darf man **die Schreibweise wählen**:
blankputzen / blank putzen (das Silber putzen, bis es blank ist), *kleinschneiden / klein schneiden, leerräumen / leer räumen, warmmachen / warm machen*

Auch Verben mit dem Adjektiv ***fertig*** darf man wahlweise getrennt oder zusammenschreiben:
etwas fertigbekommen / fertig bekommen
etwas fertigbringen / fertig bringen
etwas fertigmachen / fertig machen
Unterlagen fertigstellen / fertig stellen
fertigwerden / fertig werden

Aber nur: *jemanden fertigmachen* (übertragene Bedeutung → R4)

6 *klein anfangen* und *falsch eintragen* – Adjektiv + Verb mit Präfix

Wenn das Verb bereits ein Präfix (Vorsilbe) hat, wird das Adjektiv **getrennt** vom Verb geschrieben:
früh aufstehen, dick auftragen, blau einfärben, eng verbinden, blau anstreichen, weit verbreiten

Die häufigsten Präfixe							
an-	ab-	auf-	aus-	be-	bei-	ein-	er-
hin-	nach-	nieder-	über-	um-	unter-	ver-	vor-
weg-	zer-	zu-					

7 *sein* steht immer allein!

Verbindungen mit sein schreibt man **immer getrennt**:
dabei sein, schwer sein, bereit sein
Das kann doch nicht so schwer sein!

Aber: *das Schönsein, das Alleinsein* → *siehe R8, S. 25, R1, S. 10*

8 *Schach spielen* und *Tee trinken* – Nomen + Verb

Normalerweise schreibt man Verbindungen aus Nomen + Verb **getrennt**:
Auto fahren, Karten spielen, Maß nehmen, Rat suchen, Radio hören, Rollschuh laufen, Sonne tanken, Tee trinken, Trübsal blasen

Das Verb ***staubsaugen / Staub saugen*** bildet eine Ausnahme.
ich staubsauge / sauge Staub; ich habe gestaubsaugt / Staub gesaugt; staubsaugende / Staub saugende Männer

Werden Verbindungen aus Nomen + Verb zum Nomen, erfolgt **Zusammenschreibung**:
beim Autofahren, zum Teetrinken, das Trübsalblasen → *siehe R1, S. 10*

9 *maßregeln* und *schlafwandeln* – untrennbare Verbindungen aus Nomen + Verb

Wenige Zusammensetzungen aus Nomen und Verb bilden untrennbare Verbindungen. Sie werden also immer zusammengeschrieben:

bergsteigen	ich bergsteige	ich bin berggestiegen
brandmarken	ich brandmarke	ich habe gebrandmarkt
handhaben	ich handhabe	ich habe gehandhabt
lobpreisen	ich lobpreise	ich habe lobgepriesen (auch: gelobpreist)
maßregeln	ich maßregle	ich habe gemaßregelt
nachtwandeln	ich nachtwandle	ich habe / bin genachtwandelt
notlanden	ich notlande	ich bin notgelandet
schlafwandeln	ich schlafwandle	ich habe / bin geschlafwandelt
schlussfolgern	ich schlussfolgere	ich habe geschlussfolgert
wallfahren	ich wallfahre	ich bin gewallfahrt

10 *eislaufen* und *kopfstehen* – trennbare Verbindungen aus Nomen + Verb

Bei ein paar trennbaren Verbindungen aus Nomen + Verb werden Infinitive und Partizipien zusammengeschrieben. Der erste Teil – ursprünglich ein Nomen – ist zu einer trennbaren Vorsilbe geworden.

eislaufen	ich laufe eis	ich bin eisgelaufen
kopfstehen	ich stehe kopf	ich bin kopfgestanden
leidtun	es tut mir leid	es hat mir leidgetan
nottun	es tut not	es hat notgetan
preisgeben	ich gebe preis	ich habe preisgegeben
stattfinden	es findet statt	es hat stattgefunden
stattgeben	ich gebe statt	ich habe stattgegeben
statthaben	ich habe statt	ich habe stattgehabt
teilnehmen	ich nehme teil	ich habe teilgenommen
teilhaben	ich habe teil	ich habe teilgehabt
wundernehmen	es nimmt mich wunder	es hat mich wundergenommen

11 *Acht geben* und *brustschwimmen* – Nomen + Verb: wahlweise getrennt oder zusammen

Beide Schreibungen darf man bei einigen Verben anwenden:

Acht geben / haben *ich gebe / habe Acht*	achtgeben / -haben *ich gebe / habe acht*
Dank sagen *ich sage Dank*	danksagen *ich danksage, du danksagtest*
Brust schwimmen *ich schwimme Brust*	brustschwimmen (nur im Infinitiv) –
Gewähr leisten für *ich leiste Gewähr für*	etwas gewährleisten *ich gewährleiste etwas*
Halt machen *ich mache Halt*	haltmachen *ich mache halt*
Marathon laufen *ich laufe Marathon*	marathonlaufen (nur im Infinitiv) –
Maß halten *ich halte Maß*	maßhalten *ich halte maß*

Nach zwei Stunden haben wir ***haltgemacht / Halt gemacht****.*

Bei **Erweiterungen** dieser Verben muss man Folgendes beachten:
Wird nur das Nomen oder das Verb näher bestimmt, schreibt man das **Nomen groß und getrennt**:
Ich möchte dir großen ⟶ ***D****ank sagen. Wir gaben allergrößte ⟶* ***A****cht.*
Wir machten rasch ⟶ ***H****alt.*

Bezieht sich die Ergänzung aber auf den gesamten Ausdruck, muss man **klein- und zusammenschreiben**:
Ich möchte nur ***d****anksagen und dann gehen. Sie mussten sehr* ***a****chtgeben.*

12 *laufen lernen* und *baden gehen* – Verb + Verb: Getrenntschreibung

Wenn zwei Verben ein neues Verb bilden, werden sie dennoch getrennt geschrieben, weil sie als Wortgruppe gelten. Dazu gehören z. B.:
schreiben lernen, lesen können, spazieren gehen, sprechen dürfen
Hast du Lust, mit mir ***spazieren zu gehen****?* ⟶ siehe R14
Wann hast du ***schreiben / Schreiben*** *gelernt?* ⟶ siehe R6, S. 13

13 Verb + Verb: Bei *lassen* und *bleiben* entscheidet die Bedeutung

Zwei aufeinanderfolgende Verben mit ***lassen*** oder ***bleiben*** als zweitem Verb darf man auch zusammenschreiben, wenn die Verbindung eine übertragene Bedeutung hat:

Wörtliche Bedeutung	Übertragene Bedeutung
sitzen bleiben (im Zug)	sitzenbleiben (nicht versetzt werden)
stecken bleiben (im Sumpf)	steckenbleiben (beim Vortrag)
hängen lassen (den Mantel)	hängenlassen (nicht helfen)
liegen lassen (auf dem Tisch)	(links) liegenlassen (nicht beachten)
Das Verb ***kennen lernen*** dürfen Sie jederzeit zusammenschreiben.	

Wenn Sie Verbindungen aus Verb + Verb *(→ R12, R13)* immer getrennt schreiben, machen Sie nichts falsch.

14 *zu gehen* und *wegzugehen* – Infinitiv mit *zu*: Der einfache Infinitiv entscheidet

Infinitive mit *zu* richten ihre Schreibweise nach der Schreibung des einfachen Infinitivs. Schauen Sie die Regeln an.

Getrenntschreibung bei	Zusammenschreibung bei
Verben ohne Präfix: *gehen → zu gehen* *hören → zu hören* *warten → zu warten*	Verben mit trennbarem Präfix *(→ R3)*: *weggehen → wegzugehen* *zuhören → zuzuhören* *zurückgehen → zurückzugehen* Trennbare Präfixe sind immer betont.
Verben mit nicht trennbarem Nomen als Präfix *(→ R9)*: *maßregeln → zu maßregeln* *handhaben → zu handhaben*	trennbaren Verbindungen aus Nomen + Verb *(→ R10, 11)*: *eislaufen → eiszulaufen* *teilnehmen → teilzunehmen* *leidtun → leidzutun*
Verben mit Adjektiv *ernstnehmen → ernst zu nehmen* *(→ R4, 6)*	Verben mit Adjektiv *kleinschneiden / kleinschneiden →* *klein zu schneiden / kleinzuschneiden* *(→ R5)*
	blaumachen → blauzumachen (→ R4)

Für Verben, die sich aus **Adjektiv + Verb** zusammensetzen (→ *siehe R4 bis R7*), gilt dasselbe. Unterscheiden Sie:

Infinitiv: *freisprechen: Der Richter entschloss sich, ihn frei**zu**sprechen.*
Infinitiv: *frei sprechen: Er hat gelernt, beim Vortrag frei **zu** sprechen.*
Infinitiv: *warm machen / warmmachen: Ich vergaß, die Würstchen warm zu machen / warmzumachen.*

15 *ernst genommen* und *krankgeschrieben* – zusammengesetzte Partizipien

Grundregel: Die Schreibung von Verbindungen mit Partizipien richtet sich grundsätzlich nach den ihnen zugrunde liegenden Infinitiven. Getrenntschreibung erfolgt also, wenn im Infinitiv getrennt geschrieben wird, Zusammenschreibung erfolgt, wenn im Infinitiv zusammengeschrieben wird.
aneinander denken → aneinander denkend, aneinander gedacht;
eislaufen → eislaufend, eisgelaufen;
ernst nehmen → ernst nehmend, ernst genommen;
feilbieten → feilbietend, feilgeboten;
krankschreiben → krankschreibend, krankgeschrieben;
Recht sprechen → Recht sprechend, Recht gesprochen;
vorwärtsfahren → vorwärtsfahrend, vorwärtsgefahren

Es ist jedoch auch erlaubt, die Verbindungen mit Partizip **zusammenzuschreiben**, auch wenn im Infinitiv getrennt geschrieben wird:
Rat suchende / ratsuchende Menschen, Vertrauen erweckender / vertrauenerweckender Eindruck, grob gewürfelte / grobgewürfelte Zwiebeln, allein erziehende / alleinerziehende Väter, schnell tickende / schnelltickende Zeitbombe, weit reichende / weitreichende Veränderung, ein rot kariertes / rotkariertes Hemd

Werden solche Verbindungen wie ein **Adjektiv als Attribut** vor einem Nomen benutzt, empfiehlt sich die Zusammenschreibung:
*Hier arbeiten drei **festangestellte** Mitarbeiter. Sie trug ein **rotgestreiftes** Kleid.*

Bei der Verwendung als Prädikatsadjektiv am Ende eines Satzes empfiehlt sich die Getrenntschreibung:
*Die drei Mitarbeiter sind **fest angestellt**. Ihr Kleid war **rot gestreift**.*

→ *Betonungsregel, R2*

Aufgepasst: Viele dieser Zusammensetzungen lassen sich **steigern oder auf andere Weise erweitern**. Dann gilt: Wird nur der erste Teil der Verbindung gesteigert oder erweitert, muss getrennt geschrieben werden. Wird der zweite Teil oder die gesamte Verbindung gesteigert, erfolgt Zusammenschreibung.

- **Getrenntschreibung:** *wei**ter** reichende Maßnahmen, **sehr** weit reichende Maßnahmen, ein **knall**eng anliegender Pulli, ein **grell**rot kariertes Hemd, **sehr** grob gewürfelte Zwiebeln, eine **großes** Vertrauen erweckende Person*
- **Zusammenschreibung:** *weitreichende**re** Maßnahmen, schwerwiegende**re** Tatbestände, ein **besonders** vertrauenerweckender Eindruck*

Auch bei Verbindungen mit einem Partizip hilft häufig die **Betonungsregel** (⟶ *Tipp in R2)* bei der Entscheidung über die richtige Schreibung.

16 Bleib mir *zuliebe zu Hause* – Ausdrücke aus Präposition + Nomen

Ein paar Verbindungen aus **Präposition + Nomen** sind so stabil, dass sie **zusammengeschrieben** werden. Prägen Sie sich diese Wörter am besten gut ein.

anhand	infolge	zurzeit (⟶ *R12, S. 17)*
anstatt	inmitten	zuzeiten (bisweilen)
beizeiten	zufolge	
bisweilen	zuliebe	

*Sie schläft **infolge** des Medikaments. Tu es mir **zuliebe**. Er hat **zurzeit** Urlaub.*
Aber: *Er lebte **zur Zeit** Caesars.*

Die folgenden Verbindungen aus **Präposition + Nomen** sind noch nicht so stabil. Sie dürfen deshalb **wahlweise getrennt oder zusammengeschrieben** werden.

anstelle / an Stelle (+ Genitiv)	zugunsten / zu Gunsten (+ Genitiv)
aufgrund / auf Grund (+ Genitiv)	zulasten / zu Lasten (+ Genitiv)
aufseiten / auf Seiten (+ Genitiv)	zuungunsten / zu Ungunsten (+ Genitiv)
mithilfe / mit Hilfe (+ Genitiv)	

Auch die folgenden Ausdrücke mit einem Nomen als hinterem Teil sind schon zu einem Wort verschmolzen, dürfen aber auch noch getrennt geschrieben werden. **Das ihnen nachfolgende Verb wird allerdings immer getrennt geschrieben!**

außerstande / außer Stande sein	zurande / zu Rande kommen
infrage / in Frage stellen	zurate / zu Rate ziehen
imstand / im Stand / imstande / im Stande sein	zuschanden / zu Schanden machen
instand / in Stand setzen	sich etwas zuschulden / zu Schulden kommen lassen
nachhause / nach Hause gehen	zustande / zu Stande bringen
zugrunde / zu Grunde gehen	zutage / zu Tage fördern
zuhause / zu Hause bleiben	zuwege / zu Wege bringen

Wir haben unseren Anwalt ***zurate / zu Rate gezogen****. Bringst du denn gar nichts* ***zuwege / zu Wege****? Die Brücke wurde kürzlich wieder* ***instand / in Stand gesetzt****.*

Bei den folgenden Ausdrücken wird das Nomen noch als solches empfunden und man schreibt immer **getrennt**:

unter der Hand	zu Ende	zu Lande / zu Wasser
von Hand	zu Fuß	zu Schaden kommen
zu Anfang	zu Hilfe	

Zusammenschreibung gilt für Adverbien, die auf ***-(er)weise*** enden:
*dankbar****erweise****, möglich****erweise****, stück****weise***

17 *nichtamtliche Nichtleitende* – das Adverb *nicht*

Der Tipp aus Regel 15, S. 30, gilt auch hier: Man kann Verbindungen aus dem Adverb *nicht* + Adjektiv meist sowohl **getrennt als auch zusammenschreiben**. Richten Sie die Schreibung aber am besten nach der Betonung *(→ siehe R2)*.
Das ist eine ***nichtamtliche*** *Regelung. Diese Regelung ist* ***nicht amtlich****.*
Es sind ***nichtselbständige*** *Arbeitsverhältnisse. Sie arbeitet* ***nicht selbständig****.*
Es handelt sich um ***nichtleitende*** *Metalle. Keramik ist* ***nicht leitend****.*

Man schreibt aber **immer getrennt**, wenn *nicht* sich auf ganze **Wortgruppen oder Sätze** bezieht:
nicht *ganz ernst gemeinte Äußerungen, die* ***nicht*** *öffentlich gemacht wurden*

Nomen und Nominalisierungen mit *nicht* schreibt man zusammen:
das Nichtwissen, alles Nichtgewollte, das Nichtmitglied, der Nichtleiter (Isolator)

Aber beide Möglichkeiten: *eine nicht Berufstätige / Nichtberufstätige, ein nicht Leitender / Nichtleitender, ein nicht Sesshafter / Nichtsesshafter*

Als Nomen gebrauchte längere **Infinitive mit *nicht*** schreibt man zur besseren Lesbarkeit mit Bindestrichen:
das Nicht-einsehen-Wollen, das Nicht-mehr-fertig-Werden, das Nicht-zu-Stande-Kommen

→ *siehe auch R1, S. 58*

Die Wendung ***gar nicht*** schreibt man gar nicht zusammen! Das gilt übrigens ebenso für ***gar nichts*** und ***gar kein***.

18 *so dass* oder sodass?

Die Konjunktion ***sodass*** darf auch getrennt, also ***so dass*** geschrieben werden.
*Er stolperte, **sodass / so dass** er hinfiel.*

Unterscheiden Sie davon: Wenn *so* auf etwas verweist, das im Nebensatz folgt, trennt ein Komma *so* und *dass*:
*Er stolperte **so, dass** er hinfiel.*
*Sie freute sich **so, dass** sie uns spontan eine Runde spendierte.*

→ *siehe auch R5, S. 39*

19 *meinetwegen, um euretwillen* – Zusammensetzungen aus Pronomen + Präposition

Man schreibt Verbindungen aus Pronomen + Präposition **immer zusammen:**

meinetwegen		
meinetwegen	seinetwegen	unseretwegen
deinetwegen	ihretwegen	euretwegen
relativisch / demonstrativ: dere(n)twegen, dessentwegen		
um meinetwillen		
um meinetwillen	um seinetwillen	um uns(e)retwillen
um deinetwillen	um ihretwillen	um eu(e)retwillen
relativisch / demonstrativ: um deretwillen, um derentwillen, um dessentwillen		

Ich bin nur ***deinetwegen*** *so weit gegangen. Die Chefin,* ***deretwegen*** *es immer Unruhe gab, wurde endlich für ihr Verhalten gerügt.*
Sie kamen nur ***um unseretwillen****. Die Meiers,* ***um derentwillen*** *wir das Fest verschoben hatten, haben nun ganz abgesagt.*

> ***wegen mir, wegen dir …*** sind zwar sehr gebräuchlich, gehören aber der Umgangssprache an und sollten deshalb in der Schriftsprache nicht verwendet werden.

20 *derart, derselbe, demzufolge* – Pronomen und Adverbien, die mit *der-, des-, dem-* beginnen

Verbindungen mit *der-, des-, dem-* schreibt man **zusammen**:
dementsprechend, demgegenüber, demgemäß, demnach, demzufolge, derart, derenthalben, dere(n)twillen (⟶ R19), dere(n)twegen, dessentwegen (⟶ R19), dere(n)twillen, dergestalt, dergleichen, derjenige / diejenige / dasjenige, derlei, dermaßen, derselbe / dieselbe / dasselbe, derzeit, desgleichen, desselben, dessentwillen (⟶ R19), deswegen

Beispiele:
Dementsprechend *schlecht war seine Laune.* ***Demnach*** *kommt sie heute wohl nicht. Die Kundin,* ***deretwegen*** *es Ärger gab … Die Kundin, um* ***deretwillen*** *wir den Preis senkten … Dergestalt verhält es sich auch mit ihr.*

> Die einzigen **Ausnahmen** sind:
> ***des ungeachtet / dessen ungeachtet*** und ***des Weiteren***.
> ***Des Weiteren*** *muss ich anmerken, dass die Umstände derzeit widrig sind.*
> ***Des ungeachtet / dessen ungeachtet*** *machen wir weiter wie geplant.*

Und doch muss man vorsichtig sein. Sind *der, des, dem* als Artikel zu verstehen, schreibt man **getrennt**:

Die Creme ist von ***der Art****, die ich besonders mag. Er glich d****er Gestalt****, die ich kannte. Das ist ein Hund von* ***der gleichen*** *Rasse. Sie kam vor* ***der Zeit*** *nach Hause. Ich habe ein Auto* ***des gleichen*** *Typs. Sie saß genau* ***dem*** *(Menschen)* ***gegenüber****, den sie am wenigsten mochte.*

Weitere Adverbien, Konjunktionen und Pronomen mit schwieriger Schreibung	
allzu	*Diese Aufgabe fiel ihr allzu schwer.*
anno dazumal	*Das haben wir schon anno dazumal abgehakt.*
ebenda	*Ebenda kann man lesen, dass …*
ebendaher	*Ebendaher war sie so wütend.*
ebendahin	*Ebendahin fuhren sie im folgenden Jahr.*
ebendann	*Ebendann brach das Unwetter los.*
ebendarum	*Ebendarum packte er gestern die Koffer.*
ebendaselbst	*Der Minister ebendaselbst brach die Sitzung ab.*
ebender, -die, -das	*Ebender hat auch die Mütze gestohlen.*
ebenderselbe, -dieselbe, -dasselbe	*Ebenderselbe nahm auch das Geld mit.*
ebendeshalb, ebendeswegen	*Ebendeshalb verweigerte sie die Zustimmung.*
ebendieser, -diese, -dieses	*Ebendieses habe ich gemeint.*
ebendort	*Ebendort fand man die Waffe wieder.*
ebenso gut / oft / sehr / viel	*Ebenso gut könntest du spazieren gehen.*
ebensolch	*Ebensolch einen Fall kenne ich auch.*
ebensovielmal / ebenso viel Mal	*Sie heiratete ebensovielmal wie er.*
füreinander	*Sie sind füreinander wie geschaffen.*
genauso gut, genauso viel …	*Du kannst genau so gut lügen wie ich.*
genausovielmal / genauso viel Mal	*Ich werde es genausovielmal tun wie nötig.*
gleich viel	*Wir haben gleich viel.*
gleichviel (Konjunktion)	*Gleichviel(,) ob ich's glaube, sage ich nein.*
gleichwie (Konjunktion)	*Gleichwie ich's anpacke, schaffe ich es nicht.*
gleichwohl	*Gleichwohl packte er am Ende die Koffer.*
hierzulande / hier zu Lande	*Hierzulande ist es unüblich, Kaffee zu trinken.*
infolgedessen	*Infolgedessen brach der Tumult aus.*
irgend so ein, irgend so (et)was	*Irgend so ein Typ rief an und wollte was von dir.*
irgendein; irgendeiner	*Irgendeiner spielt hier falsch!*
irgendetwas, irgendwas	*Hast du noch irgendetwas hinzuzufügen?*

irgendjemand, irgendwer	*Ist hier irgendwer, der nicht zustimmt?*
ohneeinander	*Sie mussten lange ohneeinander auskommen.*
seinerzeit	*Seinerzeit war er noch Unteroffizier.*
seinerzeitig	*Die seinerzeitige Auffassung ist heute überholt.*
so etwas	*So etwas habe ich noch nie erlebt!*
so lange, bis	*Du wartest so lange, bis ich dich rufe.*
so viel wie möglich; so viel, dass	*Nimm dir so viel Zeit wie möglich.*
so was	*So was Blödes!*
so weit, dass	*Es ging so weit, dass sie sich nur noch anschrien.*
so wenig wie möglich; so wenig, dass	*Nimm so wenig Salz wie möglich.*
solange (Konjunktion)	*Solange es noch Tag ist, wandern wir weiter.*
soviel (Konjunktion)	*Soviel ich weiß, war er schon gestern nicht hier.*
soweit (Konjunktion)	*Soweit ich es aus meinen Unterlagen ersehe, …*
sowenig (Konjunktion)	*Sowenig ich dieser Lösung zustimme, will ich …*
sowieso	*Klar, das mache ich sowieso.*
statt dessen	*Er war krank. Statt dessen / seiner kam Frau Olp.*
stattdessen (Adverb)	*Stattdessen gab es nur Kaffee und Kuchen.*
zuallererst, zuallerletzt	*Das erledigen wir zuallererst.*
zu viel, zu viele	*Du redest zu viel und machst zu viele Pausen.*
zu wenig, zu wenige	*Du isst zu wenig, vor allem zu wenige Vitamine.*

Die Schreibung der Vokale und Konsonanten

Testen Sie Ihr Wissen!

Welche Schreibung ist richtig? Kreisen Sie sie ein.

Der Wolf **verlies / verließ** 5 Rotkäppchen und überlegte, was er als Nächstes tun sollte. Diese **morgentliche / morgendliche** 7 Begegnung hatte ihn nicht von seinen Zahnschmerzen abgelenkt, an denen er **seit / seid** 7 Tagen litt. Gleichzeitig war ihm **totlangweilig / todlangweilig** 7 und dieser nicht enden wollende Schmerz war einfach **wiederlich / widerlich** 3 . Da fiel ihm etwas ein: Er würde Rotkäppchen und der Großmutter einen Streich spielen! Schließlich war seine Art sogar für so manche **Greueltat / Gräueltat** 4 bekannt. Nicht, dass er ihnen ein **Häärchen / Härchen** 2 krümmen wollte, aber ein **bißchen / bisschen** 5 Spaß musste sein. Also auf zum Seniorenheim! – Rotkäppchen war indessen vom steilen Weg fix und **vertig / fertig** 6 und beschloss, noch ein wenig auf einer Bank auszuruhen, bevor sie zur Großmutter hineinging. Sie schloss kurz die Augen und merkte nicht, **dass / das** 5 der Wolf an ihr vorbeischlich, und **dass / das** 5 hatte Folgen. **Endlich / Entlich** 7 trat Rotkäppchen ins Zimmer und sprang freudig ans Bett zu seiner **vermeindlichen / vermeintlichen** 7 9 Großmutter. Da erkannte es den Wolf im Bett und **schrieh / schrie** 1 laut auf. Sogleich betrat ein Pfleger mit der Großmutter am Arm das Zimmer. Sie hatten nur kurz im Park gemeinsam eine Runde gedreht. Der Pfleger packte den **raubeinigen / rauhbeinigen** 4 Kerl am Kragen und zerrte ihn laut schimpfend aus dem Zimmer. Die Großmutter aber sah Rotkäppchen nach dessen **existentieller / existenzieller** 8 Erfahrung zitternd am Bett stehen. „Komm, du **erhälst / erhältst** 9 zum Trost von mir ein paar **Salzstengel / Salzstängel** 4 ", sprach Großmutter und nahm ihre Enkelin in den Arm.

Lösung: verließ – morgendliche – seit – todlangweilig – widerlich – Gräueltat – Härchen – bisschen – fertig – dass – das – Endlich – vermeintlichen – schrie – raubeinigen – *beides richtig:* existentieller / existenzieller – erhältst – Salzstängel

1 sie *zieht*, er *wiegt* – Verben mit und ohne Dehnungs-*h*

Wenn ein Verb im Infinitiv kein *h* enthält, kommt auch in den konjugierten Formen niemals ein *h* vor. Also:
*sä**en*** ⟶ *sä**t**, sä**te**, gesä**t**; schr**ei**en* ⟶ *schr**ie**, geschr**ie**n; sp**ei**en* ⟶ *sp**ie**, gesp**ie**n*

⟶ *siehe R4, S. 38*

Ebenso gilt: Enthält der Infinitiv ein *h*, behalten auch alle konjugierten Formen das *h*:
*befe**h**len* ⟶ *du befie**h**lst, befa**h**lst, hast befo**h**len*

Ausnahmen: Nur bei ***ziehen*** und ***gehen*** entfällt das ***h*** bei manchen konjugierten Formen, obwohl der Vokal lang bleibt:
*zie**h**en, zie**h**t*, **aber:** *ich zog, gezogen;*
*ge**h**en, ich ge**h**e, sie ge**h**t*, **aber:** *ich ging* (*gegangen* hat nur kurze Vokale)

2 *kleine Säle für Pärchen* – keine Vokalverdopplung bei *ä, ö, ü*

Umlaute werden nie verdoppelt, auch nicht in einem Wort, das die Verkleinerungsform eines anderen Wortes mit Doppelvokal ist.
Saal (Plural: *Säle*), *Sälchen, Haar* ⟶ *Härchen, Paar* ⟶ *Pärchen, Boot* ⟶ *Bötchen*

3 mal *wieder wider* Willen – *wieder* und *wider* nicht verwechseln!

Das Wort ***wieder*** bedeutet, dass man etwas noch einmal tut, eben wiederholt.
Das Wort ***wider*** bedeutet so viel wie *gegen*: *Wider den tierischen Ernst.* Es gibt eine Menge Zusammensetzungen mit diesen beiden Wörtern. Beispiele:

wieder	wider
Wiederaufbau, wiederaufbereiten, wiederaufladbar, Wiederaufnahme, wiederbeschaffen, wiedererkennen, wiederfinden, wiedergutmachen, wieder tun, wiederum	widerborstig, widereinander, widerfahren, Widerhaken, Widerlager, widerlegen, widerlich, widerrechtlich, Widerrede, widerrufen, Widerschein, widerspenstig, widerspiegeln, widersprechen

Ich widersprach ihm nicht, ich gab nur wieder, was er gesagt hatte.

4 *Der Tollpatsch schnäuzt sich* – der Wortstamm entscheidet

Das **Stammprinzip** ist eine ganz wichtige Grundregel für die Rechtschreibung. Wenn Sie sich merken, wie sich ein **Wortstamm** schreibt, können Sie davon die Schreibung vieler anderer Wörter ableiten.

Bei einigen Wörtern wurde inzwischen die Schreibung der Vokale und Konsonanten nach dem Stammprinzip einander angepasst. Frühere, hiervon abweichende Schreibweisen sind heute nicht mehr korrekt.

abgeleitetes Wort	Wortstamm bzw. verwandtes Wort
aufw**ä**ndig oder aufw**e**ndig	Aufw**a**nd oder aufw**e**nden
B**ä**ndel (Schuhbändel)	B**a**nd
beh**ä**nde	H**a**nd
bel**ä**mmert	L**a**mm
G**ä**mse	G**a**ms
gr**äu**lich, Gr**äu**el	gr**au**
Karame**ll**	Karame**ll**e
nu**mm**erieren	Nu**mm**er
pla**tz**ieren	Pla**tz**
Qu**ä**ntchen	Qu**a**ntum
Ro**h**heit	ro**h**
Sch**ä**nke oder Sch**e**nke	Aussch**a**nk oder aussch**e**nken
sich schn**äu**zen	Schn**au**ze
St**ä**ngel, Salzst**ä**ngel	St**a**nge
Sto**pp** (der)	sto**pp**en
Stu**ck**ateur	Stu**ck**
Ti**pp**	ti**pp**en
To**ll**patsch	to**ll**
überschw**ä**nglich	Überschw**a**ng
verbl**äu**en	bl**au**
Zä**h**heit	zä**h**
Zie**rr**at	Zie**r** + **R**at

Merken Sie sich auch noch die korrekte Schreibung der folgenden Wörter:
Känguru (wie *Kakadu, Gnu*),
rau* → *Rauheit, raubeinig

5 *das* oder *dass*? – Der *s*-Laut als Stolperfalle

Für ***das*** gibt es drei verschiedene Verwendungsmöglichkeiten:

- als Begleiter: ***das*** Auto (→ *jenes* Auto)
- als Demonstrativpronomen: ***Das*** ist falsch. (→ *Dieses* ist falsch.)
- als Relativpronomen: Das Kind, ***das*** hier wartet, vermisst seine Mutter. (→ *welches* hier wartet)

Das Wort *das* kann also durch *jenes, dieses* oder *welches* ersetzt werden.

Das Wort ***dass*** dagegen ist eine Konjunktion, die einen Nebensatz einleitet:
Ich weiß, ***dass*** *es schon spät ist.*

Dieses *dass* ist durch kein anderes Wort zu ersetzen – der Satz ergäbe keinen Sinn mehr. Weitere Beispiele:

Dass *du kommst, ist doch wohl selbstverständlich. Mir scheint klar,* ***dass*** *das so nicht geht. Ich wette,* ***dass*** *du das schon gemerkt hast.* → *R18, S. 32*

Regeln für die Schreibung der s-Laute

Weich, stimmhaft gesprochenes *s* schreibt man immer als **einfaches *s***:
***S**usanne*, ***s**o*, *le**s**en*

Scharf gesprochenes *s* kann man auf drei verschiedene Arten schreiben:

- als einfaches s am Wortende (*bi**s***, *Gra**s***, *Atla**s***), nach einem Konsonanten (*Er**bs**e*, *Rä**ts**el*, *Ha**ls***), vor p und t (*Kno**sp**e*, *ra**sp**eln*, *A**st***, *Mi**st***)
- als *ss* nach kurzem Vokal: *Wa**ss**er*, *bla**ss***, *mu**ss**te*, *ein bi**ss**chen*
- als *ß* nach langem Vokal oder Diphthong: *blo**ß***, *Ma**ß***, *au**ß**en*, *wei**ß***

Bei den **konjugierten Formen von Verben mit *s*-Laut** hilft immer der Infinitiv weiter:

- einfaches *s* bleibt immer einfaches *s*: *nie**s**en* → *du nie**s**t, hast genie**s**t*
- *ss* nach kurzem Vokal im Infinitiv wird zu *ß* nach langem Vokal oder Diphthong und umgekehrt: *bei**ß**en* → *gebi**ss**en*, *genie**ß**en* → *geno**ss**en*, *la**ss**en* → *lie**ß***

6 Schreibt man *f*, *ph* oder *v*? – der verflixte *f*-Laut

fer- und ***ver-***:
Es gibt im Deutschen nur fünf Wörter, die mit *fer-* beginnen. Die Übersicht zeigt sie und einige ihrer Zusammensetzungen:

Ferien	**Fer**ienbeginn, **fer**ienreif, Oster**fer**ien
Ferkel	**Fer**kelei, **fer**kelig, **fer**keln, Span**fer**kel
fern	**fer**nöstlich, (das) **Fer**nsehen, **fer**nsteuern
Ferse	**Fer**sengeld (geben), **Fer**sensporn
fertig	**fer**tigen, **Fer**tighaus, **Fer**tigung

In allen anderen Fällen schreibt man ***ver-***, z. B.:
***ver**irren, **Ver**kehr, **ver**nebeln, (ein) **Ver**sehen, **ver**teilen, **ver**tilgen*

f oder ***ph***:
Bei den Wörtern, die die Silben ***phon***, ***phot*** und ***graph*** enthalten, haben Sie die Wahl, ob Sie mit *f* oder mit *ph* schreiben wollen, zum Beispiel:
***F**otogra**f** / **Ph**otogra**ph**, Gra**f**iker / Gra**ph**iker, Grammo**f**on / Grammo**ph**on.*

Die Schreibung mit *f* ist allgemein die modernere Variante.

Das Wort ***Telefon*** sollten Sie aber immer mit *f* schreiben.

Viele aus dem Griechischen stammende Wörter, die nicht eine der oben genannten Silben enthalten, dürfen jedoch ***nur mit ph*** geschrieben werden, z. B.:
*Al**ph**abet, As**ph**alt, **Ph**ilosoph, **Ph**osphor, Sa**ph**ir, Stro**ph**e*
Aber: ***Ph**antasie / **F**antasie*

7 *Ihr seid todschick* – die Konsonanten *d* und *t* am Silbenende

tod- und ***tot-***:
Mit ***tod-*** zusammengesetzte Wörter gehen auf das Nomen *der Tod* zurück und übertragen diese Bedeutung in das neue Wort: *to**d**krank* bedeutet also *so krank, dass der **Tod** droht*. Weitere Beispiele:
*tö**d**lich, to**d**sicher, to**d**schick, to**d**ernst, to**d**geweiht, To**d**feind, Herzto**d**, Unfallto**d***

Wird die Silbe ***-es-*** einbezogen, ist das *d* deutlich hörbar: *to**d**esmutig, To**d**esangst*

Zusammensetzungen mit dem Adjektiv ***tot*** haben eine entsprechend andere Bedeutung: *sich to**t**lachen* bedeutet *lachen, bis man **tot** ist*. Weitere Beispiele:
*to**t**fahren, to**t**laufen, to**t**gesagt, To**t**schlag, To**t**geburt, mauseto**t**, mundto**t**, scheinto**t***

Wenn ***-en-*** eingefügt wird, kann man das *t* deutlich hören: *to**t**enstill*

> Manchmal kann es zu Verwechslungen kommen. Vergleichen Sie die folgenden Sätze:
> *Der Arzt stellte den Hirnto**d** fest. – Der Patient war hirnto**t**.*
> *Er starb den Unfallto**d**. – Der Unfallto**t**e war noch sehr jung.*
> *Sie war nur scheinto**t**. – Der Scheinto**d** wurde rasch aufgeklärt.*

end- und ***ent-***:
Der Wortteil ***end-*** ist von *Ende* abgeleitet und muss deswegen mit *d* geschrieben werden: *endlos* bedeutet also *ohne Ende*. Der Wortteil *end-* ist immer betont. Weitere Beispiele:
*en**d**lich, en**d**gültig, been**d**igen, En**d**erfolg, En**d**bahnhof, En**d**lagerung, En**d**lauf*

Das Präfix ***ent-*** bleibt immer unbetont. Einige Beispiele:
*en**t**fernen, en**t**flammbar, en**t**gegen, En**t**gelt, En**t**lassung, en**t**laufen, unen**t**geltlich*

seid und ***seit***:
Handelt es sich um die Verbform *(ihr)* ***seid*** von *sein*, muss man das Wort mit *d* schreiben: *Sei**d** alle fröhlich! Ihr sei**d** herzlich willkommen.*

Die Präposition **seit** schreibt man dagegen mit ***t***:
*Sei**t** wann sind wir abgemeldet? Ich habe dich sei**t** Ostern nicht mehr gesehen.*

ward und ***wart***:
Die Verbform *ich/er/sie/es* ***ward*** ist die veraltete Form für *ich/er/sie/es* ***wurde***.
*Es war**d** Nacht. Ihr war**d** ein Kindlein geboren.*

Die Verbform *ihr* ***wart*** ist dagegen eine Präteritumsform des Verbs ***sein***.
*Ihr war**t** heute sehr fleißig!*

Fugen-t:
Bei Wortbildungen mit dem Suffix (Nachsilbe) ***-lich*** muss oft ein *t* eingeschoben werden:
*eigen**t**lich, geflissen**t**lich, hoffen**t**lich, namen**t**lich, vermein**t**lich, versehen**t**lich, wissen**t**lich*

Einzige Ausnahmen: *aben**d**lich, morgen**d**lich*

8 *Viel Potential:* Endungen auf *-tiell/-ziell, -tial/-zial*

Aus fremdsprachlichen Nomen, die auf ***-anz*** oder ***-enz*** enden, sind oft weitere Wörter abgeleitet, die ebenfalls mit *z* geschrieben werden. Die frühere Schreibweise mit *t* ist aber immer noch richtig. Beispiele:

Differenz	differenziell / differentiell	Differenzial / Differential
Essenz	essenziell / essentiell	
Existenz	existenziell / existentiell	existenzial / existential
Potenz	potenziell / potentiell	Potenzial / Potential
Präferenz	präferenziell / präferentiell	
Substanz	substanziell / substantiell	
Tendenz	tendenziell / tendentiell	

9 Vorsicht bei der *Schiffsschraube* – Vergessen Sie keine Buchstaben!

Durch Zusammensetzungen und Flexionsendungen (Beugungsendungen) kann es zu Konsonantenhäufungen kommen, die man beim Sprechen nicht richtig hört. Leider darf man keinen Buchstaben weglassen.

Vier Dinge helfen Ihnen, die richtige Schreibung in den Griff zu bekommen:

- Überlegen Sie, ob die Wörter mit anderen Wörtern verwandt sind. → *R4*
- Sprechen Sie die Wörter langsam und überdeutlich aus.
- Bei Wortzusammensetzungen (Komposita) lösen Sie die Wörter in ihre Bestandteile auf.
- Überlegen Sie, wenn es sich um Verbformen handelt, wie der jeweilige **Verbstamm** geschrieben wird, und hängen Sie dann die Beugungsendung an.

Auf diese Weise geht Ihnen kein Buchstabe verloren.

Beispiele:

*a**cht**zig* (acht + zig), **aber:** *se**ch**zig*

*ein bi**ssch**en* (abgeleitet aus Bi**ss** + Verkleinerungssuffix (-nachsilbe) -**ch**en → *R4, R5*

*Buchu**ngsst**elle* (Buchu**ng** + Fugen-**s** + **St**elle)

*deme**ntspr**echend* (dem + e**nt** + **spr**echend)

*am e**nt**t**ä**usche**ndst**en* (Präfix en**t-** + **t**äuschen + Partizipendung **-d** + Superlativendung **-sten**)

*Fal**schsch**reibung* (fal**sch** + **Sch**reibung)

*li**nksrh**einisch* (li**nks** + **Rh**ein + Adjektivendung -isch)

*ra**nggl**eich* (Ra**ng** + **g**leich)	
*Re**chtspfl**ege* (Re**cht** + Fugen-**s** + **Pfl**ege)	
*Schla**mmm**asse* (Schla**mm** + **M**asse)	→ *R2, S. 59*
*Ve**rschl**u**ssschr**aube* (Ve**rschl**uss + **Schr**aube)	→ *R2, S. 59*
*We**rkst**o**fff**o**rsch**ung* (We**rkst**o**ff** + **F**orschung)	→ *R2, S. 59*

Schwierige Verbformen

Infinitiv	**Konjugierte Verbform**
(er)halten (Stamm: *halt* und *hielt*)	du (er)hä**ltst**, du (er)hie**ltst**
flechten (Stamm: *flecht/flicht* und *flocht*)	du fli**chtst**, du flo**chtest**
laden (Stamm: *lad/läd* und *lud*)	du lä**dst**, er lä**dt**, du lu**dst**
stehlen (Stamm: *stehl/stiehl*, *stahl* und *stohl*)	du stie**hlst**, du sta**hlst**
waschen (Stamm: *wasch* und *wusch*)	du wä**schst**, du wu**schst**
beherrschen (Stamm: *beherrsch*)	du beherr**schst**

Wenn der Verbstamm auf ***-s, -ss, -ß, -tz*** oder ***-z*** endet, fällt das **-s** bei der 2. Person Singular im Präsens weg:
*du re**ist**, du fa**sst**, du bei**ßt**, du kra**tzt**, du si**tzt**, du wü**rzt***

Was muss ich bei der Schreibung von Fremdwörtern beachten?

Testen Sie Ihr Wissen!

Kreisen Sie die richtige Schreibung ein.

Hi Susanne,

ich sitze gerade an meinem **computer / Computer** 1 und dachte, ich schreibe dir mal kurz **eine email / E-Mail** 1 und **update / abdate** 5 dich ein wenig.

Neulich war ich einem dieser edlen **Shop's / Shops** 3 , wo sie **Wohnaccesoires / Wohnaccessoires** 3 anbieten. Ich habe mir einen netten Kerzenständer gekauft – in Pink! Morgen Abend gehen wir zu **einem Varieté / Varietee** 4 zusammen mit meinen Eltern und danach gehen wir **Spaghettis / Spagetti** 3 essen beim Bella Napoli. Dabei fällt mir ein, dass ich gerade ziemlich hungrig bin. Ich glaube, ich habe noch ein paar **Pizzas / Pizzen** 3 im Tiefkühlfach. Davon werfe ich mir jetzt eine in den Ofen. Und dazu gibt's **Schikoree / Chikoré** 4 mit Banane und Apfel. Lecker!

Bis bald!

Deine Bine

PS: Bist du beim **Kommunike / Kommuniqué** 4 nächsten Freitag auch dabei? Bringst du dann bitte die **CDs / Cds** 6 mit, die ich dir geliehen hatte? Danke!

Lösung: Computer – E-Mail – update – Shops – Wohnaccessoires – *beides möglich:* Varieté / Varietee – Spagetti – *beides möglich:* Pizzas / Pizzen – Schikoree – Kommuniqué – CDs

1 eine *E-Mail* – Fremdsprachliche Nomen im Deutschen immer großschreiben!

Auch wenn ein Nomen in der Sprache, aus der es stammt, kleingeschrieben wird – im Deutschen schreibt man es groß:
*das **A**ccessoire, die **E-M**ail, das **H**andy, der **S**wimmingpool, der **T**orero*

2 das *Display* des *Handys* – Wie schreibe ich den Genitiv fremdsprachlicher Nomen?

In der Regel werden fremdsprachliche Nomen wie deutsche stark deklinierte Nomen (z. B. *der Lehrer, das Bad, die Tür*) behandelt. Deshalb erhalten männliche und sächliche Nomen im Genitiv die Endung ***-s*** – und zwar **ohne Apostroph**, auch wenn z. B. im Englischen der Genitiv mit Apostroph + s gebildet wird! Weibliche Nomen erhalten keine Genitivendung.

männlich und sächlich: *des Accessoire**s**, des Handy**s**, des Make-up**s**, des Shop**s**, des Swimmingpool**s**, des Torero**s***
weiblich: *der E-Mail, der Story*

3 Sind die *Spaghetti* al dente? – Wie schreibe ich den Plural fremdsprachlicher Nomen?

Im Plural erhalten die meisten fremdsprachlichen Nomen ein ***-s*** und bleiben in allen Fällen unverändert.
*die Accessoire**s**, die Baby**s**, die Chansonnier**s**, die E-Mail**s**, die Handy**s**, die Hobby**s**, die Party**s**, die Portier**s**, die Shop**s**, die Shirt**s**, die Story**s**, die Swimmingpool**s**, die Torero**s***

Beachten Sie bei **Nomen aus dem Italienischen**, dass diese, wenn sie auf *i* enden, bereits die Pluralform sind. Hier dürfen Sie deshalb nicht zusätzlich ein s anhängen:
die Spaghetti (**nicht:** ~~Spaghettis~~), *die Zucchini* (**nicht:** ~~Zucchinis~~), *die Paparazzi* (**nicht:** Paparazzis, Singular: *Paparazzo*), die *Cannelloni* (**nicht:** ~~Cannellonis~~)

Aber: Die ***Pizza*** ist inzwischen so weit in den deutschen Sprachgebrauch übergegangen, dass man inzwischen *Pizzas* und *Pizzen* sagen darf.

Englische Nomen auf ***-er*** allerdings erhalten **kein Plural-*s***:
die Computer, die Controller, die Reporter

4 Das *Galabüfett* – Eingedeutschte Schreibung fremdsprachlicher Nomen

Leider können keine allgemeinen Regeln für die korrekte Schreibung fremdsprachlicher Nomen aufgestellt werden. Im Zweifel darf man sich an die original fremdsprachliche Schreibung halten und richtet sich nur nach den deutschen Groß-und Kleinschreibungsregeln. Allerdings sind die Übergänge zwischen unverändert benutzten und teilweise oder vollständig eingedeutschten fremdsprachlichen Wörtern fließend. Tendenziell werden französische Wörter stärker den deutschen Rechtschreibregeln angepasst als beispielsweise englische oder italienische. Hier eine kleine Übersicht:

Ursprüngliche Schreibweise	Eingedeutschte Schreibweise	Ursprüngliche Schreibweise	Eingedeutschte Schreibweise
die Bonbonniere	Bonboniere	das / der Frotté	Frottee
das Bouclé	Buklee	der / das Joghurt	Jogurt
das Bouquet	Bukett	das / der Ketchup	Ketschup
das Buffet	Büfett	das Kommuniqué (Communiqué)	Kommunikee
der Chicorée	Schikoree	die Mayonnaise	Majonäse
das Dekolleté	Dekolletee	der Mohair	Mohär
das Dragée	Dragee	die Polonaise	Polonäse
die Drainage	Dränage	das Portmonnaie	Portmonee
das Exposé	Exposee	die Spaghetti	Spagetti
die Facette	Fassette	das Variété	Varietee
der Friseur	Frisör	das Résumé	Resümee

Als **Richtlinien für die Schreibweise englischer Nomen** gelten:

- Wörter, die aus **Nomen + Nomen** bestehen, werden zusammengeschrieben.
  die Sciencefiction, der Sexshop, die Gameshow, der Fulltimejob
- Soll die Schreibung dem Leser besonders deutlich gemacht werden, ist bei längeren Begriffen auch die Getrenntschreibung mit Bindestrich möglich.
  die Science-Fiction, der Fulltime-Job → *R2, S. 59*
- Zusammensetzungen aus **Adjektiv + Nomen** darf man zusammenschreiben, wenn die Hauptbetonung auf dem Adjektiv liegt. Ansonsten gilt Getrenntschreibung.
  der Longdrink / Long Drink, die Softcopy / Soft Copy, das Fastfood / Fast Food, das New Age, die Old Economy

- Zusammensetzungen aus **Präposition + Nomen** schreibt man zusammen
  das Update, der/das Download, das Understatement
- Nomen, deren **letzter Bestandteil ein Adverb oder eine Präposition** ist, können wahlweise zusammen oder mit Bindestrich geschrieben werden.
  das Layout / Lay-out, das Playback / Play-back, **aber nur:** *das Go-in, das Make-up*

5 *uploaden* und *chillen* – englische Verben

Manche Verben, vor allem englische, sind inzwischen ebenfalls eingedeutscht, z. B.:
chillen / *ich chille / gechillt* (sich entspannen, zur Ruhe kommen);
pushen / *puschen, ich pushe / pusche, gepusht / gepuscht* (antreiben, voranbringen);
downloaden, *ich downloade, downgeloadet* (eine Datei herunterladen);
updaten, *ich update, upgedatet* (aktualisieren, auf den neuesten Stand bringen);
upgraden, *ich upgrade, upgegradet* (anheben, befördern, höherstufen, verbessern)

Eingedeutschte englische Verben haben im Partizip II ein ***t*** am Ende und nicht ein *d*!
*gejump**t**, gescann**t**, gezipp**t**, recycel**t** / recyclet.* **Ausnahme**: *relax**ed** / relax**t***

6 *SMS* und *VIP* – englische Abkürzungen: Wie werden sie geschrieben?

Englische Abkürzungen schreibt man in der Regel in Großbuchstaben und ohne Punkte. **Im Genitiv Singular** wird **kein s** angehängt, aber im Plural, sofern die Abkürzung nicht bereits auf *s* endet. Beispiele:

Singular	Plural	Singular	Plural
die SMS	die SMS	die CD	die CD**s**
der VIP	die VIP**s**	die DVD	die DVD**s**
der CEO	die CEO**s**	**aber ohne Plural-*s***: die FAQ	

→ *siehe auch Kapitel Abkürzungen*

Wie schreibe ich die Tageszeiten, Uhrzeiten, das Datum und die Zahlen?

Testen Sie Ihr Wissen!

Welche Schreibung ist richtig? Kreisen Sie sie ein.

Irgendjemand ist immer der **erste / Erste** [4] beim Aufstehen, auch am **ersten / Ersten** [4] Mai und am **dritten / Dritten** [4] Oktober. Wer **Früh morgens / frühmorgens** [1] aufgestanden ist, zum Beispiel um **viertel / Viertel** vor sechs [2] oder sogar um **5,00 / 5:00** Uhr [2], hat **mittags / Mittags** [1] Hunger und sitzt dann mitunter schon um **fünf vor zwölf / Fünf vor Zwölf** [2] am Tisch, wenn **punkt Zwölf / Punkt zwölf** [2] zu **mittag / Mittag** [1] gegessen wird. Immerhin ist man dann schon etwa **22,000 / 22 000** Sekunden [3] wach und macht nun höchstens zum **zweitenmal / zweiten Mal** [4] Pause. Der **Nachmittag / nachmittag** [1] hält noch ein paar nette Arbeitsstunden bereit, bis **gegen abend / Abend** [1] endlich Schluss ist, damit um **acht / Acht** [2] das Pantoffelkino beginnen kann, vielleicht heute mit einem Spiel der **zweiten / Zweiten** Bundesliga [4] im **dritten / Dritten** Programm [4] – oder doch im **ersten / Ersten** [4]? Aber meist endet es so: Noch bevor das Spiel zu **Dreivierteln / drei Vierteln** [5] vorbei ist, wird man müde wie ein **10jähriger / 10-jähriger** Junge [6], der schon um **dreiviertel neun / drei viertel neun** [2] [5] ins Bett gehört. Noch **dreimal / drei Mal** [6] gähnen, dann geht's **100%ig / 100prozentig** [6] ins Bett!

Lösung: Erste – Ersten – Dritten – frühmorgens – viertel – 5:00 Uhr – mittags – fünf vor zwölf – Punkt zwölf – Mittag – 22 000 – zweiten Mal – Nachmittag – Abend – acht – Zweiten – dritten – Ersten – drei Vierteln – 10-jähriger – drei viertel neun – dreimal – 100%ig

1 *morgens, mittags, abends* – Wie schreibt man die Tageszeiten?

Bei den Tageszeitangaben muss man auf Groß- und Kleinschreibung, aber auch auf Getrennt- und Zusammenschreibung achten. Die meisten Beispiele in der folgenden Übersicht beziehen sich auf den ***Abend***. Für die anderen Tageszeiten – ***Morgen, Mittag, Vormittag, Nachmittag, Nacht*** – gilt Entsprechendes.

Tageszeiten	
Großschreibung	**Kleinschreibung**
▪ am / gegen / diesen **A**bend ▪ vorgestern / gestern / heute / morgen / übermorgen **A**bend ▪ den **A**bend über ▪ Bald wird (es) **A**bend. ▪ (zu) **A**bend essen ▪ am **D**ienstagabend ▪ des / eines **A**bends	▪ **a**bends (spät) heimkehren, **aber:** spätabends ▪ von **m**orgens bis **a**bends ▪ um 8 Uhr **a**bends ▪ **d**ienstags **a**bends ▪ **d**ienstagabends
▪ in der **F**rüh(e)	▪ **f**rühmorgens
▪ um, nach **M**itternacht	▪ **m**itternachts
▪ beides möglich: morgen **F**rüh, morgen **f**rüh	

Vielen Dank für eure Einladung! Wir kommen am ***Mittwochnachmittag*** *an, wollen aber* ***abends*** *nicht spät zu Bett gehen und dann am* ***Donnerstagmorgen früh*** *aufbrechen, damit wir nicht erst* ***spätabends*** *wieder zu Hause ankommen.*

2 *fünf vor zwölf* – Uhrzeiten in Wort und Zahl und das Datum

Es gibt verschiedene Möglichkeiten, die Uhrzeit und das Datum zu schreiben. Genaueres bietet die Übersicht:

Uhrzeiten	
Großschreibung	**Kleinschreibung**
▪ Es ist (ein) **V**iertel vor / nach eins. ▪ Es hat ein **V**iertel acht geschlagen. ▪ Es ist eine Minute vor / nach drei **V**iertel. ▪ eine **V**iertelstunde / **D**reiviertelstunde ▪ in einer **V**iertelstunde / **D**reiviertelstunde	▪ Es ist **e**in Uhr. Es ist **s**echs (Uhr). ▪ Es ist (Punkt) **e**ins. ▪ Es ist (kurz vor / nach) **e**ins. ▪ Um **z**wei essen wir. ▪ Es ist **v**iertel / **h**alb / **d**rei **v**iertel **d**rei. ▪ um (**d**rei) **v**iertel **a**cht, um **v**iertel vor **a**cht ▪ Es ist **a**cht Uhr **z**wanzig. ▪ Es ist **e**lf vor **z**wölf. ▪ in einer **h**alben Stunde

Die Uhrzeiten in Ziffern	
▪ Es ist 8 Uhr / 8.00 Uhr / 8:00 Uhr / 8^{00} Uhr. ▪ Mit Sekundenangaben: 14.31.54 Uhr, 13:15:07 Uhr	
Das Datum	
Stuttgart, den 5.8.2007 / 05.08.2007 / 5.8.07 Stuttgart, den 5. August 2007 → *R10, S. 71*	international: 07-08-05 oder 2007-08-05 (Jahreszahl - Monat - Tag)

3 *eins, zwei, hundert* – Wie schreibt man die Kardinalzahlen?

Kardinalzahlen (Grundzahlen) unter einer Million schreibt man klein:
*Mit **s**iebzehn hat man noch Träume, mit **f**ünfundsechzig geht man in Rente. Unser Nachbar ist jetzt Mitte **s**iebzig. Er hat etwa zwei**h**undert Fische in seinem Teich.*

Zahlen in diesem Bereich bilden ein zusammenhängendes Wort:
*Das Dorf hat **zweitausendsechshundertfünfundzwanzig** Einwohner.*

Selten wird man höhere Zahlen mit vielen verschiedenen Ziffern in Worten schreiben. Das Wort würde viel zu lang. Inzwischen ist es auch erlaubt, **niedrige Zahlen in Ziffern** zu schreiben. Das Schriftbild wirkt allerdings schöner, wenn man die Zahlen von 1 bis 20 in Worten schreibt - sofern nicht auch höhere Zahlen im Text vorkommen. Innerhalb eines Textes sollte man jedoch die Zahlen einheitlich entweder nur in Ziffern oder nur in Worten schreiben. Also:
Die Reisegruppe bestand aus fünf Männern und drei (**nicht:** *3*) *Frauen.*

Große Zahlen in Ziffern ab 1000 kann man in Dreierschritten jeweils durch einen Leerschritt oder einen Punkt gliedern: *3 000, 2 459 872, 2.395.762, 47.000*

Aufgepasst: Eine Zahl mit Begleiter gilt als Nomen und wird großgeschrieben:
*eine **F**ünf schreiben, eine **S**echs würfeln, das erste **H**undert war bald erreicht, in den **A**chtzigern* → *R1, S. 10*

Obwohl ein Begleiter davorsteht, schreibt man *die **z**wanzig, **d**reißig … **f**ünfzig, **s**echzig erreichen* klein!

Die Zahlen ***hundert*** und ***tausend*** kann man bei unbestimmten Mengenangaben auch großschreiben: *ein paar **h**undert / **H**undert*. Wenn Sie aber grundsätzlich kleinschreiben, machen Sie nichts falsch. Schreiben Sie also am besten:
*einige (mehrere, viele) **h**undert / **t**ausend Menschen; **h**underte / **t**ausende von Bäumen; zu **h**underten / **t**ausenden; **a**berhundert / **a**bertausend Sterne; **a**berhunderte / **a**bertausende kleiner Ameisen*

Millionenbeträge und darüber schreibt man groß:
*sechs **M**illionen* (abgekürzt: *6 Mio.*), *fünfzehn **M**illiarden* (abgekürzt: *15 Mrd.*)

Das Wort ***Dutzend*** steht für die Zahl 12. Am besten schreibt man dieses Wort immer groß:
*Ich hatte zehn **D**utzend Pappbecher für das Sommerfest gekauft. Hinterher lagen **D**utzende von ihnen überall verstreut auf der Wiese.*

Das Wort ***zig*** steht für eine ungenaue Zehnerzahl. Es wird immer kleingeschrieben.
*Er hat **z**ig Armbanduhren zu Hause und trägt nie eine davon.*
*Das hat mich wieder **z**ig Euro gekostet.*

4 *erster, zweiter, hundertster* – Wie schreibt man die Ordinalzahlen?

Ordinalzahlen (Ordnungszahlen) gelten als Adjektive, die man kleinschreibt. Kommt ein Begleiter (→ *R1, S. 10*) dazu und beziehen sie sich nicht auf ein Nomen, werden sie selbst zum Nomen und müssen großgeschrieben werden. Entnehmen Sie das Wichtigste der folgenden Übersicht:

Kleinschreibung	
▪ der **d**ritte Mai, der **f**ünfte Juni ▪ das / beim / zum **d**ritten Mal ▪ der **e**rste / **z**weite … Platz ▪ die **e**rsten beiden auszeichnen (= den 1. und den 2. Sieger)	▪ am **v**ierten Tag ▪ im **d**ritten Programm (kein Eigenname, nur Sammelbegriff) ▪ den **e**rsten Spatenstich tun ▪ der **t**ausendste Besucher
Großschreibung	
Eigennamen (Beispiele): ▪ der **E**rste Mai ▪ der **D**ritte Oktober ▪ Friedrich der **D**ritte (oder: Friedrich III.) ▪ die **Z**weite Bundesliga ▪ der **Z**weite Weltkrieg ▪ das **Z**weite, das **D**ritte (Fernsehsender) **feststehende Begriffe** (Beispiele): ▪ die **D**ritte Welt ▪ die **D**ritten (= die dritten Zähne)	▪ der **E**rste, der kommt[1] ▪ als **Z**weiter durchs Ziel gehen[2] ▪ den beiden **E**rsten gratulieren[1] (= den 1. Siegern von zwei Gruppen) ▪ etwas als **E**rstes, **Z**weites, **D**rittes tun[2] ▪ Jeder **H**undertste erhält ein Geschenk.[1] ▪ zum **E**rsten, … und zum **D**ritten[3] [1] → *R1, S. 10* [2] → *R3, S. 11* [3] → *R4, S. 11*

5 *ein Viertel, ein Achtel* – Wie schreibt man die Bruchzahlen?

Bruchzahlen schreibt man normalerweise klein, mit Begleiter (→ R1, S. 10) werden sie jedoch zu Nomen. Dann muss man sie großschreiben:

Kleinschreibung	Großschreibung
ein **h**albes Pfund ein **a**chtel Liter Wein **e**ineinhalb / **a**nderthalb Kilo	ein **V**iertel des Kuchens, ein **F**ünftel der Bevölkerung Sie benötigen drei **A**chtelliter. (als Maß)
um **v**iertel neun (8.15 Uhr)[1]	Es ist **V**iertel vor / nach acht.[1]
um drei **v**iertel neun (8.45 Uhr)[1]	Es hat ein **V**iertel neun geschlagen. **Aber:** Es hat drei **v**iertel neun geschlagen.[1]
Das Kino ist drei **v**iertel voll.	Das Kino ist zu drei **V**ierteln voll.
Sie kommt in drei **v**iertel Stunden.[1]	Sie kommt in drei **V**iertelstunden.[1]

[1] → *Siehe auch R2*

6 *dreiteilig und zehnjährig* – Zusammensetzungen aus Zahl + Wort

Bei Begriffen aus **Zahl + Wort** hat man zwei Möglichkeiten der Schreibung:

Schreibung in Worten	Schreibung mit Zahl + Wort
ein zehnjähriger Junge	ein 10-jähriger Junge
eine zweitägige Veranstaltung	eine 2-tägige Veranstaltung
ein dreiteiliger Film	ein 3-teiliger Film
ein Zwanzigliterkanister	ein 20-Liter-Kanister
dreigeschossig, dreistöckig	3-geschossig, 3-stöckig
vierfach	4-fach / 4fach
ein Fünfzehntel	ein 15tel
achtzigprozentig	80-prozentig / 80%ig (ohne Leerschritt)
einmal, elfmal, fünf- bis zehnmal (bei besonderer Betonung auch: *elf Mal* ...)	11-mal, 5- bis 10-mal (*einmal* wird nicht mit Ziffer geschrieben)
die achtziger Jahre / Achtzigerjahre	die 80er-Jahre / die 80er Jahre
im Dreivierteltakt	im ¾-Takt
acht mal fünf ist vierzig	8 mal 5 ist 40

→ *Kapitel Bindestrich und Apostroph, S. 58 ff.*

Welche Regeln gelten für Abkürzungen?

Testen Sie Ihr Wissen!

Kennen Sie die Abkürzung zu folgenden Ausdrücken und Wörtern? Schreibt man sie mit Punkt oder ohne?

im Auftrag	____________	1	2
Gewerkschaft Erziehung und Wissenschaft	____________	1	3
vergleiche	____________	1	2
das heißt	____________	1	2
Gramm	____________	1	3
zurzeit	____________	1	2
Ultrakurzwelle	____________	1	3
meines Erachtens	____________	1	2
unter anderem	____________	1	2
bitte wenden	____________	1	2
oben genannt	____________	1	2
senior	____________	1	2
ohne Befund	____________	1	2
und andere/s	____________	1	2
zuzüglich	____________	1	2
beziehungsweise	____________	1	2
gezeichnet	____________	1	2
siehe oben	____________	1	2
Mehrwertsteuer	____________	1	2
Postskriptum	____________	1	3

Lösung: i. A. – GEW – vgl. – d. h. – g – zz. / zzt. – UKW – m. E. – u. a. – b. w. – o. g. – sen. – o. B. – u. a. – zzgl. – bzw. – gez. – s. o. – MwSt. – PS

1 Abkürzungen mit Groß- oder Kleinbuchstaben schreiben?

Grundsätzlich gilt: Nomen werden durch Großbuchstaben abgekürzt, andere Wortarten durch Kleinbuchstaben:
***GbR** (**G**esellschaft des **b**ürgerlichen **R**echts), **f. d. R.** (**f**ür **d**ie **R**ichtigkeit)*

Kürzt man einzelne Wörter ab, so bestehen die Abkürzungen oft aus mehreren Buchstaben, die je nach Wortart groß- oder kleingeschrieben werden:
***Expl.** (Exemplar), **MwSt.** (Mehrwertsteuer), **bzgl.** (bezüglich), **zz. / zzt.** (zurzeit)*

Bei manchen Abkürzungen sind zwei oder mehr Schreibweisen üblich:
***Lkw / LKW** (Lastkraftwagen), **Pkw / PKW** (Personenkraftwagen), **pl. / Pl. / Plur.** (Plural)*

Eindeutige Regeln für die Schreibweise von Abkürzungen lassen sich nicht festlegen. Insbesondere bei Abkürzungen von Eigennamen wird manchmal von der sonst eher üblichen Schreibung abgewichen (z. B. ***F.A.Z.** – Frankfurter Allgemeine Zeitung*; ***taz** – Tageszeitung*; ***ver.di** – Gewerkschaft für Vereinte Dienstleistungen*).

Bildet man aber Begriffe, die aus einer Abkürzung und einem Wort bestehen, verwendet man Bindestriche:
***Ü**-Wagen, **B.A.**-Studium, **CDU**-Fraktion, **ICE**-Strecke, Blinddarm-**OP**, **U**-Boot (aber bundeswehramtlich ohne Bindestrich: **U**boot)* → *R1, S. 58*

Wenn Sie einen längeren Text schreiben, in dem ein oder mehrere längere Begriffe immer wieder vorkommen, können Sie zu Beginn für diese Begriffe selbst eine Abkürzung festlegen. In der Regel wird die Abkürzung für den Begriff bei seinem ersten Auftreten in Klammern dahintergesetzt.
*Diese Studie vergleicht die Entwicklung der öffentlichen Vereinsfördermittel in Karlsruhe (**KA**), Freiburg (**FR**) und Mannheim (**MA**) in den Jahren 2000 bis 2006.*

2 Welche Abkürzungen schreibt man mit Punkt?

Mit Punkt und – falls die Abkürzung für mehrere Wörter steht – Leerzeichen schreibt man

- viele **Abkürzungen, die man nicht als Abkürzungen spricht**, sondern in Worten, z. B.:
  Dr. (gesprochen: *Doktor*)
  z. B. (gesprochen: *zum Beispiel*)
  i. d. R. (gesprochen: *in der Regel*)
  d. h. (gesprochen: *das heißt*)
  s. o. (gesprochen: *siehe oben*)
  a. A. (gesprochen: *anderer Auffassung*)
  u. a. (gesprochen: *und andere/s / unter anderem*)
  u. Ä. (gesprochen: *und Ähnliche / s*)
  u. A. w. g. (gesprochen: *um Antwort wird gebeten*).

- **lateinische Abkürzungen**, die auch abgekürzt ausgesprochen werden, z. B.:
  15:00 Uhr ***c. t.*** *(cum tempore, Beginn 15 Min. später, also 15:15 Uhr)*
  s. t. *(sine tempore, pünktlicher Beginn)*
  a.m. *(ante meridiem, Vormittag, zwischen 0:00 Uhr und 12:00 Uhr mittags)*
  p.m. *(post meridiem, Nachmittag und Abend, zwischen 12.00 Uhr und 0:00 Uhr)*
  R. I. P. *(requiescat in pace – Er ruhe in Frieden.)*

Als Ausnahmen – nur mit einem Punkt am Ende – haben sich ***usw.*** *(und so weiter)* und seine lateinische Variante ***etc.*** *(et cetera)* durchgesetzt.

Im englischsprachigen Raum werden die Abkürzungen *am* und *pm* ohne Punkte und viel häufiger als im deutschsprachigen Raum benutzt:
7.00 pm = 7 Uhr abends, *6.00 am* = 6 Uhr morgens

Steht der **Punkt einer Abkürzung am Ende eines Satzes**, entfällt der Punkt als Schlusszeichen:
Er ist Oberst a. D.

Frage- und Ausrufezeichen stehen zusätzlich:
Ist er wirklich schon a. D.?

3 Welche Abkürzungen schreibt man ohne Punkt?

Meistens ohne Punkt geschrieben werden

- Abkürzungen, die auch als Abkürzung gesprochen werden:
  AB, GmbH, GUS, G8, HNO, SPD, TÜV, UKW, UNO, USA, UV, VIP, ZDF
- national oder international verwendete Abkürzungen für Maßeinheiten, Himmelsrichtungen und Währungseinheiten:
  km *(Kilometer)*, ***g*** *(Gramm)*, ***MHz*** *(Megahertz)*, ***WSW*** *(Westsüdwest)*, ***EUR***, ***USD*** *(US-Dollar)*
- viele längere Wortzusammensetzungen aus der Fachsprache, z. B. aus dem juristischen und politischen Bereich:
  StGB *(Strafgesetzbuch)*, ***StVO*** *(Straßenverkehrsordnung)*, ***GbR*** *(Gesellschaft des bürgerlichen Rechts)*

Selten kommt die Kombination von Abkürzungen mit und ohne Punkt vor:
Transportges. mbH *(Transportgesellschaft mit beschränkter Haftung)*

Manche Abkürzungen dürfen Sie wahlweise mit oder ohne Punkt schreiben:
Co.* / *Co *(Companie)*, ***e. G.* / *eG*** *(eingetragene Genossenschaft)*, ***G.m.b.H.* / *GmbH*** *(Gesellschaft mit beschränkter Haftung)*, ***M. d. B.* / *MdB*** *(Mitglied des Bundestags)*, ***M. d. L.* / *MdL*** *(Mitglied des Landtags)*

4 Wie dekliniert man Abkürzungen?

- Wenn ein **Plural** gebildet wird, dann meist bei Abkürzungen, die auch als solche gesprochen werden. In diesen Fällen wird ein *s* angehängt:
  *die GmbH**s**, die Lkw**s** / LKW**s*** (auch: *die Lkw / LKW*), *CD-ROM**s***

  Bei vielen Abkürzungen wird aber erst gar keine besondere Pluralform verwendet, sondern Singular und Plural sind gleich:
  Kfz (Kraftfahrzeug/e), Sek. (Sekunde/n), Hrsg. (Herausgeber)

- Ein **Genitiv-s** an die Abkürzung zu hängen, ist nicht üblich.

Verwenden Sie **bei Abkürzungen keinen Apostroph**!
das Programm des ~~ZDF's~~ ZDF (des Zweiten Deutschen Fernsehens)
die Reifen des ~~LKW's~~ LKW

Wo steht ein Bindestrich, wo ein Apostroph?

Testen Sie Ihr Wissen!

Kreisen Sie ein, was richtig ist.

Von wegen „**Nimms / Nimm's** leicht" 5 ! Es ist nicht damit getan, sich **'mal / mal** 6 eine **ARD Dokumentation / ARD-Dokumentation** 1 anzusehen. Da erfährt man nämlich nicht, wie **Teei / Tee-Ei** 2 geschrieben wird. Echte Bildung kann man auch nicht anlegen wie ein **Make up / Make-up** 1 oder als **Desktop-Facelift / Desktopfacelift** 2 einfach herunterladen. Zu **Hans / Hans'** Geburtstag habe ich ihm **Goethes / Goethe's** 6 Gedichte geschenkt: Das ist Bildung! Was hilft es, wenn man **schwer-reich / schwerreich** 3 ist, aber nicht weiß, wo „das Wasser **rauscht / rauscht'** 4 , das Wasser schwoll" steht? Jetzt weiß **ers / er's** 4 und muss nicht immer **Peter's / Peters** 6 Konversationslexikon ausleihen oder **vorm / vor'm** 6 PC sitzen, um zu googeln. Nun kann er in aller Ruhe über **Berlin's / Berlins** 6 **Kudamm / Ku'damm** 4 flanieren und **abend's / abends** 6 mit Goethe unterm Kopfkissen sanft einschlafen.

Lösung: *Beides möglich:* Nimms/Nimm's – mal – ARD-Dokumentation – Tee-Ei – Make-up – Desktop-Facelift – Hans' – Goethes – schwerreich – rauscht' – er's – Peters – vorm – Ku'damm – abends

1 Hier *muss* ein Bindestrich stehen

- **Bei Zusammensetzungen mit nominalisierten Infinitiven**
  Aufgepasst: Bei nominalisierten Infinitiven schreibt man das erste Wort, alle Nomen und den nominalisierten Infinitiv groß:
  *das ewige **S**ich-nicht-entscheiden-**K**önnen, das **S**o-**T**un-als-ob, das **M**ake-up zum **A**us-der-Haut-**F**ahren, beim **A**uf-der-faulen-Haut-**L**iegen*

- **Bei anderen Zusammensetzungen**
  Wenn einzelne Wörter gemeinsam einen völlig neuen Begriff bilden, werden sie durch Bindestriche verbunden.
  das Immer-wieder-Neue, die Ad-hoc-Entscheidung, ein Hunderttausend-Dollar-Geschäft, Hals-Nasen-Ohren-Arzt (auch: *HNO-Arzt* → *R3, S. 55*)

→ *siehe jedoch R3, S. 60*

Wenn das zusammengesetzte Wort kein Nomen ist, wird das **erste Wort** dennoch **großgeschrieben**, sofern es sich um ein Nomen handelt:
Make-up-frei, Vitamin-C-reich

- **Bei zusammengesetzten Wörtern, die eine Abkürzung, einzelne Buchstaben oder Ziffern enthalten**
  Zwischen Wörtern und Abkürzungen, die einen gemeinsamen Begriff bilden, stehen Bindestriche:
  WDR-Sendung, Lkw-Reifen, Film-DVD, MS-krank; km-Leistung, x-förmig, x-te Wurzel, Dehnungs-h, Reg.-Bez.; 4-Zylinder, 8-jährig, 10-prozentig, eine 10-Pence-Briefmarke

→ *Kapitel Abkürzungen sowie R6, S. 52*

- **Als Ergänzungszeichen**
  Um zu vermeiden, dass bei Zusammensetzungen ein Wort mehrfach genannt wird, ersetzt man es durch Bindestriche. Dabei ist es ohne Bedeutung, ob es sich um das Grund- oder ein Bestimmungswort handelt, das ausgespart wird:
  Park-, Garten- und Balkonmöbel, sang- und klanglos, vor- und rückwärts, Blütendüfte und -essenzen, Abwasserleitungen und -kanäle

Wenn Sie Platz sparen wollen bei der **Nennung männlicher und weiblicher Personenbezeichnungen**, müssen Sie aufpassen. Nicht alles ist erlaubt oder gut lesbar.

Wenn die **weibliche Endung *-innen*** einfach angehängt werden kann, sind die beiden folgenden Varianten die allgemein anerkannten:

- Die weibliche Endung wird mit Schrägstrich + Bindestrich angehängt: *Lehrer/**-innen**, Handwerker/**-innen***
- Die weibliche Endung wird in Klammern dahintergesetzt: *Lehrer**(innen)**, Handwerker**(innen)***

Ist die Endung für die männliche und weibliche Form dieselbe, nämlich ***-en***, darf man ***(inn)*** in Klammern einfügen:
*Kolleg**(inn)**en, Patient**(inn)**en, Polizist**(inn)**en*

Weichen die männlichen Personenbezeichnungen jedoch ab von den weiblichen, muss man beide Formen ausschreiben. Also **nicht**: *die ~~Ärzte/-innen~~*, sondern nur *die **Ärzte und Ärztinnen***. Heißt es aber *den Ärzten und Ärztinnen*, ist die verkürzte Version mit Klammern erlaubt, weil die Endung *-en* bei beiden Formen wieder übereinstimmt: *den Ärzt**(inn)**en.*

- **Bei mehrteiligen Straßenbezeichnungen mit Personennamen**
  Alle Einzelwörter werden durch Bindestriche miteinander verbunden.
  Konrad-Adenauer-Platz, Peter-von-der-Gracht-Weg

→ *siehe auch R9, S. 15*

- **Bei anderen mehrteiligen Bezeichnungen, die Namen enthalten**
  Alle Einzelwörter werden durch Bindestriche miteinander verbunden.
  Donau-Ems-Kanal, Paul-Klee-Gymnasium, Karl-Arnold-Stiftung

2 Hier *kann* ein Bindestrich stehen

- **Missverständnisse vermeiden**
  Manchmal ist es sinnvoll, einen Bindestrich an der Wortfuge zu setzen, damit beim Lesen sofort deutlich wird, was gemeint ist:
  Musiker-Leben / Musik-Erleben, Elektroniker-Zeugnis / Elektronik-Erzeugnis, Ur-Insekt, Verb-Endung

- **Wortstruktur sichtbar machen**
  Wenn durch Vokal- oder Konsonantenhäufung das Wort schwer lesbar wird:
  Tee-Ei (Teeei), Zoo-Ordnung (Zooordnung), hell-lila (helllila), Desktop-Publishing (Desktoppublishing)

- **Lesbarkeit langer Wörter verbessern**
  Bei langen, unübersichtlichen Wortzusammensetzungen (Komposita) kann der Bindestrich die Lesbarkeit erleichtern:
  Donau-Wasserstandsbericht, Meerwasseraquarien-Filterung, Geländefahrzeug-Entwicklungsprogramm, Sondermüll-Sammelaktion

- **Einzelne Bestandteile hervorheben**
  Ich-Sucht (Ichsucht), die Hoch-Zeit (Hochzeit) des Barocks, Kann-Bestimmung

In all den genannten Fällen wäre aber auch die Schreibung in einem einzigen Wort ohne Bindestrich korrekt.

3 Hier *darf* kein Bindestrich stehen

Bei einfachen, übersichtlichen Zusammensetzungen, bestehend aus Bestimmungs- und Grundwort, auch bei nominalisierten, zusammengesetzten Infinitiven:
blaugrünes[1] *Meerwasser, Bewusstseinserweiterung, schwerreich*[1], *lauwarm*[1]
das Motorradfahren[2], *das Sichanstellen, die Außerkraftsetzung, das Schlangestehen*[2],
das Verlorensein[3], *die Vierzimmerwohnung*[4]

→ [1] *R2, S. 21,* [2] *R8, S. 25,* [3] *R7, S. 25,* [4] *R6, S. 52*

4 Hier *muss* ein Apostroph stehen

- Bei verkürzten Städte- oder Straßennamen
  Hier werden Buchstaben im Wortinnern ausgelassen.
  D'dorf, M'Gladbach, Ku'damm

- **Zur Kennzeichnung des Genitivs bei Namen, die auf *s, ss, ß, z, tz, x, ce* enden**
  Sonst würde man nicht erkennen, dass der Name im Genitiv steht.
  Franz-Josef Strauß' Sohn Max, Jens Schmitz' Computerladen, Hans' Geburtstag, Alice' Blumenladen, Sokrates' Werke

> Der **Apostroph entfällt** aber, wenn der Genitiv durch einen Begleiter deutlich wird:
> *der Blumenladen unserer Alice, die Werke des Sokrates*

- **Wenn eine Formulierung wegen der Auslassung eines *e* oder *i* schwer lesbar oder schwer verständlich ist**
  In solchen Fällen verwendet man den Apostroph als Auslassungszeichen:
  … daran zweifl' ich nicht, … in diesen heil'gen Hallen

  Oft wird das ***e* des Wörtchens *es*** weggelassen, sodass ein Apostroph erforderlich ist:
  's ist schade um ihn. Hat er's verstanden? Jetzt kann ich's auswendig.

> Wenn das *e* von ***es* im Zusammenhang mit Verbformen oder Konjunktionen** weggelassen wird, darf der Apostroph entfallen.
> *Nimm's (Nimms) dir! Wenn's (Wenns) mal läuft, … So geht's (gehts) nicht!*

5 Hier *kann* ein Apostroph stehen

- **Zur Verdeutlichung der Grundform eines Personennamens, wenn er im Genitiv steht:**
  Zuerst waren wir in Leandro's Spezialitätenrestaurant, anschließend in Andrea's Bierstube.

> Besser ist in diesen Fällen aber, das **Genitiv-*s*** ohne Apostroph dranzuhängen:
> *Leandros Spezialitätenrestaurant, Andreas Bierstube, Onkel Toms Hütte* → *R6*

- **Bei der schriftlichen Wiedergabe gesprochener Sprache.** Hier werden oft Buchstaben ausgelassen, die durch einen Apostroph kenntlich gemacht werden:
  So'n (So ein) Quatsch! Da sitzt sich's (sich es) schlecht. Komm, wir fahren mit'm (mit dem) Roller. → *siehe aber R4, S.11*
- **Wenn man hinter Namen das Adjektivsuffix *-sch* verwendet**, kann man zur Verdeutlichung einen Apostroph setzen:
  Die Einstein'sche Physik, das Ohm'sche Gesetz, die Schiller'schen Balladen

6 Hier *darf kein* Apostroph stehen

- **Wenn ein unbetontes *e* im Wortinneren oder als Konjugationsendung entfällt**
  im finstren (finsteren) Wald, das wär (wäre) was, lass (lasse) mich nicht gehen

> Besser ist es aber, das ***e*** am Ende der 1. Person Singular einer Präsensform zu schreiben, auch wenn es unbetont ist.
> *Ich gehe* (statt: *geh*) *noch schnell einkaufen. Ich bleibe* (statt: *bleib*) *nicht mehr lange.*
> **Aber:** *ich bedaur**e**, ich biet**e**, ich samml**e**, ich atm**e**.*
> Hier ist das *e* betont und darf nicht entfallen!
> Formen wie *ich sammel* oder *ich bedauer* sind umgangssprachlich.

- **Bei verkürzten, aber gebräuchlichen Formen von Wörtern und Imperativen**
  *Das ist aber **blöd** (blöde). Das Wetter ist **trüb** (trübe). **Heut** (heute) geht's ab in den Urlaub. **Geh** weg! **Hör** mir **mal** zu. **Bleib** nicht zu lange!*
- Bei der Verschmelzung von Präposition und Artikel
  am, vorm, untern, übers … → *R4, S. 11*

> Die Kurzformen der Wörter ***heran, herauf, herein, herüber, herunter*** verwendet man ohne Apostroph:
> *Immer **ran** ans Büfett! Ich geh mal **rüber**. Komm doch rauf. Er kam **rein**.*

- **Bei Namen und Abkürzungen im Genitiv**
  Bei Namen und Abkürzungen, die nicht auf einen *s*-Laut enden *(→ vgl. R4, R5)*, wird das Genitiv-s ohne Apostroph angehängt.
  *Hamburg**s** Elbtunnel, Goethe**s** Gedichte, Peter**s** und Karin**s** Geburtstag*
  *die Reifen des Pkw**s*** *→ R4, S. 56*

Im Englischen versieht man das Genitiv-s mit einem Apostroph. Wenn Sie solche Wendungen im Deutschen verwenden, müssen Sie den Apostroph aber weglassen:
*London**s** Brücken , Wimbledon**s** Tennisturnier, der Inhaber des Shop**s**, die Schließungszeiten des Pub**s**, die Cover der CD**s***

Die Wörter ***morgens***, ***mittags***, ***abends***, ***nachts***, auch ***des Morgens***, ***des Mittags***, ***des Abends***, ***des Nachts*** dürfen Sie nie mit Apostroph schreiben! *→ R1, S. 49*

Wo setze ich Kommas, wo nicht?

Testen Sie Ihr Wissen!

Fügen Sie die fehlenden Kommas ein. Die Nummernverweise auf die Regeln finden Sie in der Lösung.

Ich erinnere mich genau: Es war am Donnerstag dem 7. Oktober 2005 15.00 Uhr. Meine Nichte ein quirliges junges Mädchen von zwölf Jahren kam bei uns zu Hause vorbei um mir ihr Poesiealbum zu bringen. Sie bat mich etwas Nettes hineinzuschreiben. Ich tue mich das soll jetzt keine Entschuldigung sein mit solchen Dingen immer sehr schwer weil ich nicht gut dichten kann und weil die guten Sprüche meistens schon andere vor mir eingetragen haben. Also bin ich darauf angewiesen irgendwo abzuschreiben z. B. aus dem Poesiealbum meiner Frau. Darin stehen so schöne einfache Verse wie „Nie verlerne so zu lachen wie du jetzt lachst froh und frei denn ein Leben ohne Lachen ist wie der Frühling ohne Mai." Dieser Vers von mir schon oft benutzt kam nicht in Frage. Also suchte ich weiter in der Zeitung in unserem Stadtblättchen im Sprichwörterlexikon und zuletzt in meiner Verzweiflung im Internet. Dort wurde ich fündig! Stolz schrieb ich den Spruch zunächst auf ein Blatt Papier veränderte noch ein wenig die Zeilen und trug dann ins Album ein:

Alles Böse wünsch ich dir
fern vom Leibe bleibe mir
alles Unglück treffe dich
niemals denk an mich!

Am nächsten Morgen warf ich zufrieden vor mich hinschmunzelnd das Poesiealbum in den Briefkasten am Haus in dem meine Nichte wohnt. Nach einem Monat ohne ein Wort des Dankes erhielt ich plötzlich einen unerwartet unfreundlichen Anruf von meiner Schwester: „Was fällt dir du garstiger Mensch ein dem armen Kind so einen Unsinn ins Album zu schreiben!" Ach sie hat ja Recht. Ich halte mich jetzt an den Grundsatz: Schuster bleib bei deinem Leisten …

Lösung:

Ich erinnere mich genau: Es war am Donnerstag, 10 dem 7. Oktober 2005, 10 15.00 Uhr. Meine Nichte, 5 ein quirliges junges 2 Mädchen von zwölf Jahren, 5 kam bei uns zu Hause vorbei, 4 um mir ihr Poesiealbum zu bringen. Sie bat mich (,) 4 etwas Nettes hineinzuschreiben. Ich tue mich, 9 das soll jetzt keine Entschuldigung sein, 9 mit solchen Dingen immer sehr schwer, 3 weil ich nicht gut dichten kann 1 und weil die guten Sprüche meistens schon andere vor mir eingetragen haben. Also bin ich darauf angewiesen, 4 irgendwo abzuschreiben, 11 z. B. aus dem Poesiealbum meiner Frau. Darin stehen so schöne, 2 einfache Verse wie „Nie verlerne(,) 4 so zu lachen, 3 wie du jetzt lachst, 11 froh und frei, 3 denn ein Leben ohne Lachen ist wie ein Frühling ohne Mai." Dieser Vers, 6 von mir schon oft benutzt, 6 kam nicht in Frage. Also suchte ich weiter in der Zeitung, 1 in unserem örtlichen Stadtblättchen, 1 im Sprichwörterlexikon und zuletzt aus lauter Verzweiflung im Internet. Dort wurde ich fündig! Stolz schrieb ich den Spruch zunächst auf ein Blatt Papier, 1 veränderte noch ein wenig die Zeilen 1 und trug dann ins Album ein:

Alles Böse wünsch ich dir
fern vom Leibe, /; 1 12 bleibe mir
alles, /; 1 12 Unglück treffe dich
niemals, /; 1 12 denk an mich! [1]

Am nächsten Morgen warf ich(,) 6 zufrieden vor mich hinschmunzelnd(,) 6 das Poesiealbum in den Briefkasten am Haus, 3 in dem meine Nichte wohnt.
Nach einem Monat 11 ohne ein Wort des Dankes 11 erhielt ich plötzlich einen unerwartet unfreundlichen Anruf von meiner Schwester: „Was fällt dir, 7 du garstiger Mensch, 7 ein(,) 4 dem armen Kind so einen Unsinn ins Album zu schreiben!" Ach(,) 8 sie hat ja Recht. Ich halte mich jetzt an den Grundsatz: Schuster, 7 bleib bei deinem Leisten …

[1] **Haben Sie's bemerkt?** Wenn Sie den Spruch fürs Poesiealbum nicht zeilenweise, sondern satzweise lesen, klingt er gar nicht mehr böse.
Alles Böse wünsch ich dir fern vom Leibe; bleibe mir alles; Unglück treffe dich niemals; denk an mich!

1 Kommas stehen zwischen den Gliedern einer Aufzählung

Aufzählen kann man alle Wortarten, Wortgruppen, Satzglieder und sogar Sätze. Die Konjunktionen *und* und *oder* ersetzen dabei das Komma.

- Aufzählung von Nomen (hier als Akkusativobjekte):
  *Als Beilage gibt es Salzkartoffeln**,** Reis**,** Nudeln oder Rösti.*
- Aufzählung von Adjektiven (hier als Attribute):
  *Er fährt ein kleines**,** rotes**,** elegantes und schnelles Cabrio.* → *siehe jedoch R2*
- Aufzählung von Satzgliedern mit Verben:
  *Ich fuhr los**,** bog an der Kreuzung ab**,** parkte den Wagen und stieg aus.*
  *Der Welpe konnte schon fühlen**,** hören**,** riechen**,** aber noch nicht sehen.*
- Aufzählung von Wortgruppen (hier Präpositionalobjekte):
  *Sie schimpft über ihr Auto**,** über die Leute**,** über das Essen**,** über Gott und die Welt.*
- Aufzählung von Hauptsätzen:
  *Der Himmel war blau**,** die Sonne schien**,** alles freute sich**,** da platzte die Bombe.*
- Aufzählung von Nebensätzen:
  *Ich weiß nicht**,** wo du bist**,** wer du bist und was du willst.*
  *Es ist schön**,** dass es dich gibt**,** dass du bei mir bist und dass du mir hilfst.*

Was für *und* und *oder* gilt, trifft auch auf folgende **beiordnende Konjunktionen** zu, die auch mehrteilig sein können:

beziehungsweise (bzw.)	***entweder … oder***
sowohl … als auch	***weder … noch***

*Er ist **sowohl** jung **als auch** unerfahren.*
*Wenn es morgen regnet **bzw.** wenn es noch nass ist, bleiben wir zu Hause.*

Vor den entgegensetzenden Konjunktionen ***aber, doch, sondern*** steht dagegen **immer** ein Komma:
*Es regnete kurz**, aber** heftig. Du bist nicht nur hübsch**, sondern** auch dumm.*

2 Mehrere Adjektive durch Kommas trennen?

Bei mehreren Adjektiven vor einem Nomen gilt:
- Sind die Adjektive **gleichrangig**, werden sie durch Komma getrennt.
- Sind die Adjektive **nicht gleichrangig**, darf kein Komma stehen.

Gleichrangig bedeutet, dass sich beide Adjektive in gleichem Maß auf das nachfolgende Nomen beziehen. Hierfür gibt es einen einfachen Test. Setzen Sie das Wort *und* zwischen die Adjektive. Wenn es dann immer noch sinnvoll klingt, sind die Adjektive gleichrangig und Sie brauchen ein Komma. Beispiele:

*eine einfache***,** *schnelle Abwicklung = eine einfache und schnelle Abwicklung*
*kostenloses***,** *unverbindliches Angebot = kostenloses und unverbindliches Angebot*
*warmes***,** *sonniges Wetter = warmes und sonniges Wetter*

Anders sieht es beim folgenden Beispiel aus:

Das ***neue britische*** *Kreuzfahrtschiff läuft heute aus.*

Das Kreuzfahrtschiff ist nicht *neu* und *britisch*, sondern es handelt sich um ein *britisches Kreuzfahrtschiff*, das *neu* ist. Das Adjektiv *neu* gilt als Attribut zu dem Ausdruck *britisches Kreuzfahrtschiff*. Beide Adjektive sich also nicht gleichrangig, daher kein Komma. Weitere Beispiele:

Die allgemeine politische Lage ist schwierig.
Deine schönen neuen Schuhe sind nass.
Sie hatte große blaue Augen.
Siehst du die verspielten jungen Katzen dort?

Hier ergäbe ein *und* zwischen den Adjektiven keinen Sinn, es darf also kein Komma stehen.

Es gibt Fälle, in denen sich die Aussage ändert, je nachdem ob man ein Komma einsetzt oder nicht:
die letzte schwierige Aufgabe = die letzte von mehreren schwierigen Aufgaben
weitere energiesparende Maßnahmen = noch mehr energiesparende Maßnahmen
Aber:
*die letzte***,** *schwierige Aufgabe* = die Aufgaben zuvor waren einfacher
*weitere***,** *energiesparende Maßnahmen* = weitere Maßnahmen, aber diesmal energiesparende

3 Zwischen Haupt- und Nebensatz steht ein Komma

Das gilt für vorangestellte und für nachgestellte Nebensätze:
*Wenn du mich nicht in Ruhe lässt***,** *gehe ich sofort.*
*Ich weiß wirklich nicht***,** *was du von mir willst.*

Eingeschobene Nebensätze werden in Kommas eingeschlossen, egal ob sie nur einen Hauptsatz unterbrechen oder zwei Hauptsätze trennen. **Vergessen Sie also nie das Komma am Ende eines eingeschlossenen Nebensatzes**!

*Seine Überzeugung***,** *dass Politik den Charakter verdirbt***,** *prägt sein Handeln.*
*Ich glaubte***,** *als das Unwetter losbrach***,** *nicht mehr an einen gemütlichen Abend.*
*Du kannst***,** *wenn du willst***,** *noch zum Essen bleiben.*
*Ich glaube***,** *dass ich die Richtige für Sie bin***,** *und würde mich über Ihre positive Antwort sehr freuen.*

→ *siehe auch R4*

Es gibt ***dass*-Sätze**, die wie ein Hauptsatz aussehen; dennoch sind sie Nebensätze und müssen durch Kommas vom Hauptsatz getrennt werden:

nicht eingeleiteter dass-Satz
*Ich glaube**, du kannst es schaffen,** und wünsche dir viel Glück.*
(Ich glaube, dass du es schaffen kannst, und wünsche dir viel Glück.)

nicht eingeleiteter dass-Satz
*Ich denke**, wir können den Termin halten,** und verlasse mich ganz auf Sie.*
(Ich denke, dass wir den Termin halten können, und verlasse mich ganz auf Sie.)

nicht eingeleiteter dass-Satz
*Er versprach schon oft**, er käme pünktlich,** und dann kam er doch viel zu spät.*
Er versprach schon oft, dass er pünktlich käme, und dann kam er doch viel zu spät.

Einfache **Vergleiche mit *als* oder *wie*** sind keine Nebensätze und stehen deswegen auch nicht mit Kommas:
*Unpünktlicher **als meine Freundin** kann man wohl nicht sein.*
*Sie kommt daher **wie ein aufgeschrecktes Huhn**.* → *vgl. aber Tipp, S. 68 oben*

Wenn ein **Nebensatz gemeinsam mit einer Wortgruppe mit Präposition** auftritt, wird nur dann ein Komma zwischen Haupt- und Nebensatz gesetzt, wenn der Nebensatz direkt neben dem Hauptsatz steht.

Wortgruppe / *Nebensatz* / *Hauptsatz*
*Wegen deines Gejammers und weil du böse warst**,** gehen wir nicht schwimmen.*

Aber:

Nebensatz / *Wortgruppe* / *Hauptsatz*
Weil du böse warst und wegen deines Gejammers gehen wir nicht schwimmen.

Hauptsatz / *Nebensatz* / *Wortgruppe*
*Wir gehen nicht schwimmen**,** weil du böse warst und wegen deines Gejammers.*

Aber:

Hauptsatz / *Wortgruppe* / *Nebensatz*
Wir gehen nicht schwimmen wegen deines Gejammers und weil du böse warst.

Weiteres Beispiel:
*Bei Schneefall oder wenn der Schnee taut**,** besteht höchste Unfallgefahr.*
Aber: *Wenn der Schnee taut oder bei Schneefall besteht höchste Unfallgefahr*
*Es besteht höchste Unfallgefahr**,** wenn der Schnee taut oder bei Schneefall.*
Aber: *Es besteht höchste Unfallgefahr bei Schneefall oder wenn der Schnee taut.*

Bei formelhaften Nebensätzen, also sehr stark verkürzten Nebensätzen, ist Ihnen freigestellt, ein Komma zu setzen.
Wie angekündigt(,) *sende ich Ihnen heute unseren neuesten Katalog.*
Würden Sie(,) ***falls möglich(,)*** *Ihre Unterlagen mitbringen?*
Ich komme bald. – Sag mir(,) ***wann.***
Dieses Buch ist(,) ***wie gesagt(,)*** *sehr empfehlenswert.*
Ich komme(,) ***wenn nötig(,)*** *nochmals vorbei.*

Vor den folgenden mehrteiligen Wendungen muss immer ein Komma gesetzt werden, sofern sie nicht am Satzanfang stehen. Das Komma zwischendrin kann entfallen.

, angenommen(,) dass …	**,** egal(,) …
, ausgenommen(,) wenn …	**,** je nachdem(,) (ob) / wie …
, vor allem (,) wenn …	**,** und zwar …
, das heißt (d. h.) …*	

*Ich werde nicht kommen***,** *egal wie oft du mich noch fragst.*

* **Aufgepasst:** Wenn **nach *das heißt*** ein kompletter Nebensatz folgt, muss ein weiteres Komma gesetzt werden:
*Er rief erst abends an***,** *das heißt***,** *als er vom Büro zurückkam.*

4 *Er kam, um zu siegen* – das Komma bei Infinitiven

Kommas können entfallen, wenn bloße Infinitive vorliegen:
Ich denke nicht daran(,) aufzuhören.
Wir beschlossen(,) zu hören, was er zu sagen hatte.

Vorsicht allerdings, wenn Missverständnisse möglich sind. Dann muss ein Komma stehen:
Der Lehrer verbot mir ständig zu widersprechen. könnte bedeuten:
*Der Lehrer verbot mir ständig***,** *zu widersprechen.* oder:
*Der Lehrer verbot***,** *mir ständig zu widersprechen.*

Kommas stehen bei Infinitivgruppen mit *zu*,

- die durch ***als, (an)statt, außer, ohne, um*** eingeleitet sind:

  *Ich ging auf den Hof***, um** *das Auto* **zu** *waschen.*
  *Niemand läuft über die Straße***, ohne** *nach rechts und links* **zu** *schauen!*
  *Dir bleibt nichts anderes übrig***, als** *endlich den Mund* **zu** *halten.*

- die von einem **Nomen** abhängen, das den Infinitiv ankündigt:

  *Plötzlich hatte sie die **Idee,** sich einen Hund zu**zu**legen.*
  *Seine **Angewohnheit,** immer die Wahrheit **zu** sagen, macht den Umgang mit ihm nicht einfach.*

- wenn auf die Infinitivgruppe durch ein **anderes Wort** hingewiesen wird:

  *Susanne genießt **es,** lange unter der heißen Dusche **zu** stehen.*
  *Lange unter der heißen Dusche **zu** stehen**, das** genießt Susanne sehr.*
  *Sie rechnet nicht **damit,** eine erhöhte Wasserrechnung **zu** bekommen.*
  *Ich freue mich **darauf,** Sie bald in unserem Hause begrüßen **zu** dürfen.*

> Wenn Sie bei Infinitiven mit *zu* **grundsätzlich Kommas** einsetzen, sind Sie immer auf der richtigen Seite und machen nichts falsch!

5 *Tina, meine Freundin* – Das Komma bei Appositionen

Appositionen müssen in Kommas gesetzt werden. Stehen sie am Satzende, steht nur ein Punkt.
*Wilhelm II**, der letzte deutsche Kaiser,** starb im Exil.*
*Sie liebt ihn**, den besten aller Männer**.*
*Meinem Enkel**, dem frechen Bürschchen,** werd ich's zeigen.*
*Der Ätna**, größter Vulkan Europas,** brach gestern wieder aus.*

> In den folgenden Fällen haben Sie die Wahl:
> - bei dem **Kürzel *geb.*** (geborene): *Frau Anna Traubel (,) geb. Schwalm(,) starb im Alter von 99 Jahren.*
> - wenn **der Name erst danach** steht:
>   *Der leitende Direktor(,) Konrad Feld(,) hielt gestern eine schöne Rede.*
>   *Wir sind dem Vorsitzenden des FC Ellenheim(,) Karl Brauch(,) zu größtem Dank verpflichtet.*

6 Das Komma bei Partizipial-, Adjektiv- und anderen Wortgruppen

Partizipial- und Adjektivgruppen oder auch sonstige Wortgruppen **können** Sie durch ein Komma vom restlichen Satz trennen. Aber aufgepasst: Steht das Subjekt (Satzgegenstand. Wer?) am Anfang des Hauptsatzes, aber das konjugierte Verb des Hauptsatzes erst nach der eingeschobenen Gruppe, **müssen** Sie die Gruppe in Kommas einschließen. Vergleichen Sie:

*Völlig überrascht von dieser Nachricht(**,**) ließ sie den Löffel fallen.*
*Sie ließ(**,**) völlig überrascht von dieser Nachricht(**,**) den Löffel fallen.*
Aber: *Sie**,** völlig überrascht von dieser Nachricht**,** ließ den Löffel fallen.*

*Zum Angriff bereit(**,**) setzten sich die Hooligans in Bewegung.*
*Die Hooligans setzten sich(**,**) zum Angriff bereit(**,**) in Bewegung.*
Aber: *Die Hooligans**,** zum Angriff bereit**,** setzten sich in Bewegung.*

*Mit dem Koffer in der Hand(**,**) sprang er einfach in den Fluss.*
*Er sprang(**,**) mit dem Koffer in der Hand(**,**) einfach in den Fluss.*
Aber: *Er**,** mit dem Koffer in der Hand**,** sprang einfach in den Fluss.*

→ *vgl. jedoch mit R11*

7 *Du, Peter, ...* – Das Komma bei Anreden

Direkte Anreden setzt man normalerweise in Kommas.
*Das**, meine liebe Susanne,** geht entschieden zu weit.*
*Lass das**, mein Freund,** ich bitte dich.*

Wenn die Anrede am Satzanfang oder Satzende steht, wird sie durch ein Komma abgetrennt:
*Sehr geehrter Herr Wohl**,** ich hoffe**,** ich konnte Ihnen in diesem Brief darlegen, ...*
*Könnten Sie mal kurz kommen**,** Frau Meier?*

Bei der **Anrede im Brief- und Mailverkehr** haben Sie folgende Möglichkeiten bei der Kommasetzung:

*Sehr verehrter**,** lieber Herr Probst**,***
*Hallo**,** lieber Bruder**,***
*Hallo**,** alter Freund**,***
*Guten Tag(**,**) Frau Forst**,***

*Sehr geehrter Herr Wading**,***
*Hallo(**,**) Peter**,***
*Hallo(**,**) Frau Forst**,***
*Guten Tag**,** liebe Frau Forst**,***

Wenn Sie mit jemandem vertraut sind, können Sie statt des Kommas ans Ende der Anrede auch ein Ausrufezeichen setzen: *Hallo(**,**) Frau Forst!*

Aufgepasst: Nach der Grußformel am Ende des Briefes / der E-Mail steht **kein Komma**!

Mit freundlichen Grüßen
Beste Grüße aus Stuttgart

Grüße
Herzlichst

8 *Ach,* das wusste ich nicht – Das Komma bei Ausrufen

Ausrufe werden durch ein Komma abgetrennt, wenn sie betont sind:
Ach, *wie schön ist das! Das ist doch**,** **zum Donnerwetter,** das Letzte!*
Oh, *wenn ich dich kriege!* ***Puh,*** *jetzt bin ich aber fertig!*

Sind die Ausrufe jedoch nicht betont, steht kein Komma:
Ach geh doch! Oh du lieber Himmel!

9 Das Komma bei Parenthesen (Einschüben)

Parenthesen sind komplette Sätze oder Hauptsätze, die nicht Teil der eigentlichen Satzstruktur sind. Sie müssen deshalb durch Kommas eingeschlossen werden.
*Die Wolkentürme entluden sich**, es war wohl so gegen acht,** in einem Platzregen.*
*Ihre fristlose Kündigung**, um das deutlich zu betonen,** ist unangemessen.*
*Ich werde mir morgen**, glaub mir's oder nicht,** diesen tollen Fernseher holen.*

Statt Kommas können Sie hier auch Gedankenstriche setzen.

10 Das Komma bei Datums- und Ortsangaben

Bei Datums- und Ortsangaben werden die einzelnen Bestandteile durch Kommas getrennt. Das letzte Komma kann entfallen.
Die Ferien werden Donnerstag, ***(den) 21. Juni(,)*** *beginnen.*
Der Bus startet am Montag, ***dem 16. Juli, 9.00 Uhr(,)*** *vom Marktplatz aus.*
Sarah Müller, wohnhaft in ***Hannover, Heinrichplatz 64, 1. Stock(,)*** *angeklagt wegen …*
Aber: *Sie wohnt in Düren in der Thomasgasse 25 im 1. Stock.*

11 Kein Komma bei Adverbialen am Satzanfang!

Adverbiale können sehr lang sein. Dennoch darf man sie nicht durch Kommas vom restlichen Satz abtrennen, wenn sie am Satzanfang noch **vor dem konjugierten Verb** stehen.
Wegen des anhaltend schlechten Wetters *konnten die Arbeiten nicht voranschreiten.*
Seit seiner Wahl zum Vereinsvorsitzenden *ist er richtig rechthaberisch geworden.*
Schon lange vor ihrer fünfmonatigen Weltreise *hatte Frau Richter alles bis ins Kleinste geplant.*
Nach unserer Besprechung vor zwei Tagen *können wir nun richtig loslegen!*

Stehen Adverbiale erst **nach dem konjugierten Verb**, kann man sie wahlweise in Kommas setzen oder nicht. Indem Sie solche Adverbiale in Kommas setzen, wird ihr Inhalt stärker betont. Sie sind ein Zusatz.

*Er konnte(,) **allerdings erst nach vielen schmerzhaften Untersuchungen**(,) das Krankenhaus gestern wieder verlassen.*
*Das Essen kostete uns(,) **einschließlich/inklusive der Getränke**(,) nur 23 Euro.*
*Sie fahren(,) **trotz der Absage des Konzerts**(,) am Wochenende nach München.*
*Könnten Sie(,) **bitte**(,) das Fenster schließen?*
*Sie schrieb(,) **entgegen dem Rat der anderen**(,) den Brief noch am selben Tag.*

Stehen **Adverbiale als Zusatz am Satzende**, sollte man sie immer durch Komma abtrennen.
*Könntest du mal kommen**, bitte**?*
*Wir haben den früheren Zug nicht mehr erreicht**, leider**.*
*Sie ging stundenlang im Regen spazieren**, trotz ihrer Erkältung**.*

Bei **Zusätzen**, die mit ***zum Beispiel (z. B.)*** beginnen, müssen meistens Kommas gesetzt werden, weil sie aus dem Satzmuster fallen.
*Ich liebe die südlichen Länder**, z. B. Italien**.*
*Blattsalate**, z. B. Kopfsalat und Eichblattsalat,** sollte man im Winter nicht essen.*
Aber: *Ich war zum Beispiel (z. B.) noch nie in Italien.* (kein Zusatz → kein Komma)

Wenn Beispiele mit dem Wörtchen ***wie*** aufgelistet werden, hat man die Wahl:
Kinderkrankheiten(,) wie Masern und Windpocken(,) sind heute weitestgehend ausgerottet.

Vermeiden Sie die Ausdrucksweise *wie zum Beispiel*. Das ist ein Pleonasmus, also eine unnötige Dopplung. Entscheiden Sie sich einfach zwischen *wie* und *z. B.*

12 Halb Punkt, halb Komma – das Semikolon

Das Semikolon (Strichpunkt) verwendet man, um gleichrangige längere Sätze oder Wortgruppen voneinander abzugrenzen, wenn ein Komma zu schwach, ein Punkt aber zu stark erscheint. Da es keine festen Regeln für den Einsatz des Semikolons gibt, bleibt es dem Schreibenden überlassen, welches Zeichen er wählt, um den Grad an Abgrenzung zu erreichen, den er möchte.

*Wir hatten lange nichts gegessen**;** wir froren und waren erschöpft**;** wir waren drauf und dran, mit unserem Leben abzuschließen.*
*Das Problem hat sich von selbst erledigt**;** deshalb können wir uns jetzt anderen Dingen zuwenden.*
*Sie überlegten noch, welchen Flug sie nehmen sollten**;** als sie sich dann entschieden hatten, war alles ausgebucht.*

Wie gehe ich mit Doppelpunkt und Anführungszeichen um?

Testen Sie Ihr Wissen!

Groß oder klein? Kreisen Sie die richtige Lösung ein und ergänzen Sie die fehlenden Satzzeichen in den weißen Feldern.

Eines ist ganz sicher **Nie / nie** 1 mehr fahre ich mit dem Auto in Urlaub. Da stellt sich natürlich die Frage **warum / Warum** 1 nicht? Na, ganz einfach **ich / Ich** 1 will nicht mehr. – Aber nun erst mal der Reihe nach. Meine Frau, meine bessere Hälfte 3 ist Navigationsgerät, Tempomat und Verkehrskontrolle in einer Person. Nach einer Stunde Fahrt bereits zerrt ihr ständiges Nun pass doch auf 3 an meinen Nerven. Wenigstens ergänzt sie ihren Spruch meist mit einem liebevollen mein Dickerchen 3 . Wenn ich ein Verkehrszeichen übersehe, sagt meine persönliche Verkehrskontrolle **Blind / blind**, lahm und taub 2 Wenn ich vergesse abzubiegen, tönt es aus dem Navigationsgerät Dahinten hättest du nach rechts müssen 2 Überschreite ich geringfügig die zugelassene Geschwindigkeit, belehrt mich mein Tempomat mit einem barschen Fahr nicht so schnell 3 An unserem geliebten Ostseebad angekommen, entdecke ich am Straßenrand eine Anzeigetafel Im Ort 0 freie Parkplätze 3 Wunderbar. Was jetzt? Mein Navigationsgerät leitet uns zielsicher endlos lange durch den Ort. Menschenmenge, Lärm, Stau, Hektik **Hier / hier** 1 gibt es alles im Überfluss. Ankunft an der Pension Meeresrauschen 4 **Kein / kein** 1 Meer, kein Rauschen, dafür Staub und Autolärm. Ich frage meine Verkehrskontrolle **Ist / ist** 1 Meeresrauschen 4 nicht ein Stück von Chopin 2 Keine Antwort. Kannst du fragt sie mich stattdessen den Koffer mal nehmen 2 und lässt ihn mir auf die Füße fallen. O, du schöne Ferienzeit!

Lösung: sicher: **N**ie – Frage: **W**arum – einfach: **I**ch – meine „bessere Hälfte" – ständiges „Nun … auf!" – „mein Dickerchen" – Verkehrskontrolle: „**B**lind … taub!" – Navigationsgerät: „Dahinten … müssen." – barschen „Fahr … schnell!" – Anzeigetafel: „Im … Parkplätze." – Hektik: **H**ier – „Meeresrauschen": **k**ein – Verkehrskontrolle: „**I**st ‚Meeresrauschen' … Chopin?" – Antwort. „Kannst du", fragt sie mich stattdessen, „den … nehmen?", und

1 Schreibe ich nach dem Doppelpunkt groß oder klein?

Der Doppelpunkt ist das Zeichen dafür, dass danach etwas folgt, das vor dem Doppelpunkt angekündigt wurde. Als Grundregel gilt: Folgt auf den Doppelpunkt ein ganzer Satz oder wenigstens ein Kurzsatz, so schreibt man den ersten Buchstaben groß. In anderen Fällen schreibt man der Wortart entsprechend groß (Nomen) oder klein.
Was ich sah, schockierte mich: ***D****ie ganze Ernte war zerstört.*
Alles in mir verbog sich zu einem Fragezeichen: ***W****arum?*
Er warf alles aus dem Fenster: ***d****ie Stühle, den Fernseher und die Kommode.*
Die Welt unter Wasser ist ganz anders: ***d****unkel, kalt, nass, feindlich.*

Wenn nach dem Doppelpunkt zusammengefasst wird, was vorher ausgeführt wurde, kann man klein oder groß weiterschreiben:
Job, Haus, Boot, Frau, Vermögen: ***a****lles /* ***A****lles war weg.*
Keine Hausaufgaben machen, Schule schwänzen, Lehrer belügen: ***d****as /* ***D****as wird nicht geduldet.*

Oft vermeidet man durch **Satzkonstruktionen mit dem Doppelpunkt** auch eine Konstruktion aus Haupt- und Nebensatz. Dadurch wird der Text zwar leichter lesbar, klingt jedoch nicht mehr so elegant. Statt
Für alle war klar: Was im Überfluss vorhanden ist, ist nur wenig wert.
Hinzu kommt: Sie haben mit Preissteigerungen gedroht.
kann man auch schreiben:
Allen war klar, dass nur wenig wert sein kann, was im Überfluss vorhanden ist.
Sie haben darüber hinaus mit Preissteigerungen gedroht.

2 Welche Zeichen benötige ich bei der wörtlichen Rede?

Was wörtlich wiedergegeben wird, schließt man in Anführungszeichen ein:
„*So also ist das.****"***

Leitet man die wörtliche Wiedergabe durch einen Begleitsatz ein, benötigt man den Doppelpunkt:
*Er stellte fest****: „****So also ist das.****"***

Unterbricht der Begleitsatz die Wiedergabe der wörtlichen Rede, werden Kommas gebraucht, die den Begleitsatz einschließen:
„*So also****",*** *stellte er fest****, „****ist das mit den Satzzeichen.****"***

Tritt der Begleitsatz ans Ende, entfällt der Schlusspunkt bei der wörtlichen Rede:
*„So also ist das****",*** *stellte er fest.*

Beim wiedergegebenen Satz lässt man den Punkt auch weg, wenn er **im Inneren eines Gesamtsatzes** steht:
Er versprach: „Ich hole dich gleich ab", und verschwand um die Ecke.

Handelt es sich bei der wörtlichen Rede um eine **Aufforderung, einen Ausruf oder eine Frage**, werden Ausrufe- bzw. Fragezeichen benötigt. Dabei kann es zur Zeichenhäufung kommen:
„Gib mir gefälligst die Zange!", herrschte ich ihn an.
„Das also hat man nun davon!", schimpfte sie.
„Kann ich bitte das Salz haben?", fragte Susanne.
Sie sagte: „Hol schon mal das Auto!", und wandte sich wieder dem Spiegel zu.
„Kannst du", fragte Mutter, „mich bitte mitnehmen?", und zog den Mantel an.

Wenn auch der **Begleitsatz eine Aufforderung, ein Ausruf oder eine Frage ist**, behalten sowohl der Begleitsatz wie auch die wörtliche Rede ihre Satzzeichen. Das Zeichen für den Begleitsatz steht dann ganz am Ende:
Sag ihm endlich: „Halt den Mund!"!
Wenn doch irgendjemand endlich fragte: „Was soll das Ganze?"!
Fragte sie tatsächlich: „Wo bin ich geboren?"?
Frag sie doch endlich: „Wo ist das Testament?"!

3 Wie zitiert man richtig?

Fürs Zitieren gelten ähnliche Regeln wie für die wörtliche Rede, weil es sich hier ebenso um die wörtliche Wiedergabe von Äußerungen handelt.

Geben Sie ein **Zitat immer unverändert**, das heißt in der Originalform, mit den entsprechenden Zeichen wieder:
Das Buch „Verliebe dich oft, verlobe dich selten, heirate nie?" von Felicitas von Lovenberg hat mir sehr gut gefallen.

Das gilt auch, wenn das Verb des Satzes eigentlich einen anderen Fall verlangt:
Viel Vergnügen mit „Das Quiz" mit Jörg Pilawa!
Ich habe gestern ein wenig in „Die Akte" von John Grisham gelesen.

Meist zitiert man

- **Wörter oder Ausdrücke**, zu denen man eine Aussage machen will:
  Seine Frau nennt ihn immer „Pummelchen", was ich gar nicht gut finde.
  Der Begriff „freiwillige Ausreise" wurde zum Unwort des Jahres gewählt.
- **Überschriften, Buchtitel, Namen** von Zeitungen und Zeitschriften etc.
  Ich las im „FOCUS online" den Artikel „Paris Hilton leckt ihre Wunden".
  In „Der Zauberberg" von Thomas Mann wird Davos genau beschrieben.

Die nächste Ausgabe des ***„****Stern****"*** *erscheint am Donnerstag.*
Erinnern Sie sich an die Sendung ***„****Was bin ich?****"****?*

- **Äußerungen, Sprichwörter etc.**, zu denen man eine Bemerkung macht:
  Sein fröhliches ***„****Na, ihr Lausebande****"*** *munterte uns immer wieder auf.*
  Sag nicht ***„****Wer einmal lügt, dem glaubt man nicht****"****, denn es ist unfair.*
  Wenn unser Lehrer ***„****Stop talking!****"*** *rief, schwiegen alle sofort.*

- **ironisch gemeinte Bemerkungen,** die als solche deutlich gemacht werden sollen:
  Er tut immer so, als sei er der ***„****liebe Onkel****"****.*
  Wenn Politiker abtauchen wollen, bekommen sie die ***„****politische Grippe****"****.*
  Die Polizei, ***„****dein Freund und Helfer****"****, hat meinen* ***„****Lappen****"*** *eingezogen.*

- **Auszüge aus Büchern oder Texten.** Wenn man den Auszug gekürzt zitiert, muss man die Stellen, an denen man kürzt, durch **Auslassungspunkte** kennzeichnen:
  Aus Theodor Fontanes ***„****Irrungen Wirrungen****": „****Aber da sind ja noch Erdbeeren … und wenn wir eine recht große finden, dann wollen wir sie mitnehmen … und dann freut er sich. Denn … er ist ein Mann wie 'n Kind und eigentlich der Beste.****"***

Für **Auslassungspunkte** gilt folgende Regel:

- Wenn man **ganze Wörter oder Sätze** auslässt, setzt man vor und hinter die Auslassungspunkte einen Leerschritt – siehe auch das Fontane-Zitat über diesem Tipp.
  Am Nachmittag wird ein Wetterumschwung für Regen sorgen. ***…*** *Insgesamt ist es für diese Jahreszeit zu kühl.*

- Werden **bei einem einzelnen Wort** Buchstaben ausgelassen, setzt man keinen Leerschritt vor den Auslassungspunkten:
  *Es gibt verschiedene Möglichkeiten, das Wort „versch****…****e" zu vervollständigen.*
  *So eine Sch****…!***

- **Am Satzende** wird kein zusätzlicher Punkt gesetzt. Ausrufe- und Fragezeichen können gesetzt werden; dann aber ohne Leerschritt:
  Er ging langsam die Treppe hinunter ***…*** *Warum nur hatte er* ***…?***

- **In wissenschaftlichen Texten** werden Auslassungspunkte häufig zusätzlich in eckige Klammern gesetzt:
  Anhand dieser Versuchsreihe ***[…]*** *konnte der Nachweis erbracht werden.*

Wenn man etwas mündlich zitiert, zum Beispiel während einer offiziellen Rede, muss man den Zuhörern ebenfalls deutlich machen, wo das Zitat beginnt und wo es endet:
*"****Ich zitiere*** *aus dem Bericht vom 25. Mai: [Zitat] –* ***Ende des Zitats.****"*

4 Wie kennzeichne ich ein Zitat innerhalb einer wörtlichen Rede?

Es kommt vor, dass in einem Text, der bereits in Anführungszeichen steht, ein weiterer Text in Anführungszeichen enthalten ist. Dieser steht dann in einfachen (halben) Anführungszeichen:

Unser Lehrer erklärte: „Der Satz ***‚Das Wesentliche ist für die Augen unsichtbar'*** *stammt aus* ***‚Der kleine Prinz'*** *von Antoine de Saint Exupéry."*
Mit glänzenden Augen erzählte sie: „Ich lief die Treppe hinab, so schnell ich konnte, und Mutter rief ***‚Pass auf, dass du nicht stürzt!'*** *hinter mir her, und völlig außer Atem gelangte ich …"*

Es gibt noch andere Möglichkeiten, wörtlich Wiedergegebenes kenntlich zu machen, z. B. die **Kursivschrift**:
Mit dem Gedanken *Hoffentlich ist morgen alles vorbei!* schlief ich ein.

Es gibt auch **andere Formen der Anführungszeichen**:
»*Dann ist es aussichtslos***«***, sagte der kleine Prinz.*

Viele Schriftsteller verzichten heutzutage auf jegliche Kennzeichnung der wörtlichen Rede:
Ich kann dich erledigen, sagte der Neue.

Falls Sie die Regeln für Doppelpunkt und Anführungszeichen beherrschen, fällt Ihnen die Antwort auf die folgende Frage sicher nicht schwer.

Welche der folgenden Kombinationen von Satzzeichen gibt es nicht?

a) : „ , b) , „ c) ?“, d) ,“ e) !“?

Lösung: d)

Erklärung grammatikalischer Fachbegriffe

In dieser Übersicht finden Sie Erläuterungen zu zahlreichen grammatikalischen Fachbegriffen. Nicht alle werden in diesem Buch behandelt, aber vielleicht begegnen Sie ihnen in anderen Büchern. Oftmals sind auch **Beispiele** angegeben. Sie stehen in *Kursivschrift*.

Der Pfeil ▶ verweist auf einen anderen Fachbegriff. Sie finden dort weitere Informationen.

Sofern ein Begriff in diesem Buch behandelt wird, führen Seitenzahlen zu den entsprechenden Seiten. Ein ***f.*** bzw. ***ff.*** bedeutet, dass Sie auch auf den folgenden Seiten weiterlesen sollten.

A

ableiten, Ableitung Bildung von Wörtern durch Anhängen von Präfixen und Suffixen und anderen Wortendungen an einen Wortstamm. ***leit*** *ab**leit**en, Um**leit**ung* ▶ siehe auch Stammprinzip **38**

Adjektiv (Eigenschaftswort, Wiewort) beschreibt, wie etwas beschaffen ist. *schön, klein, bunt* **10 ff., 17**

Zusammengesetzte Adjektive **21 f.**

Adverb (Umstandswort) nicht flektierbare Wortart. Adverbien beschreiben die Umstände einer Handlung. *schon, hier, gern, deshalb* **22 f., 31, 33 ff.**

Adverbial, adverbiale Bestimmung, (Umstandsbestimmung) Satzglied, das die Umstände (örtlich, zeitlich oder Art und Weise) beschreibt, unter denen eine Handlung geschieht. ***Unter diesen Umständen*** *stimme ich zu.* **S. 71 f.**

Akkusativ 4. Fall, Wen-Fall. ***den*** *Baum, mich*

Aktiv Tatform bei Verben. *er **läuft***

Anführungszeichen „ " umschließen wörtliche Rede und Zitate. Er sagte: *"Ich freue mich."* **75 ff.**

Anglizismus Einführung und Benutzung englischer Wörter in der deutschen Sprache. *sich outen, der Event* **44 ff.**

Anrede *Liebe Tina, sehr geehrte Damen und Herren,* **70**
Das Komma bei Anreden *Guten Tag, Frau Meier, …* **16 f.**
höfliche Anrede *Sie, Ihnen*

Apostroph ' Auslassungszeichen. *Das bringt's nicht.* **60 ff.**

Apposition besondere Form der Beifügung. *Frau Meyer, **die neue Nachbarin**, hat einen Goldfisch.* **69**

Artikel (Geschlechtswort) ein Begleiter **10**
bestimmter Artikel (Definitartikel) *der, die, das* **10**
unbestimmter Artikel (Indefinitartikel) *ein, eine* **10**

Attribut (Beifügung) Satzgliedteil; ergänzt Satzglieder. 29
Du kaufst ein ***neues*** *Hemd.*

Auslassungspunkte … zeigen an, dass Text ausgelassen wurde. 76

Auslassungszeichen ▶ Apostroph

Ausrufezeichen **!** Schlusszeichen bei Befehls- und Ausrufesätzen. *Geh jetzt!*

B

Befehlsform ▶ Imperativ

Begleiter zusammenfassender Begriff für Wortarten, die ein Nomen begleiten können. ***das/ein/dieses/kein/mein/jedes/manches*** *… Haus* 10

Beifügung ▶ Attribut

besitzanzeigendes Fürwort ▶ Possessivpronomen

Bestimmungswort erster Bestandteil eines zusammengesetzten Wortes, bestimmt das Grundwort näher. ***Hand****schuh*, ***Blumen****topf*, ***sonnen****gebräunt* 60

Betonung

Betonung bei Verben mit trennbarem Präfix 28

Betonungsregel Betonung auf dem ersten Wortteil ⟶ Zusammenschreibung; Betonung verteilt auf die Wortteile ⟶ Getrenntschreibung 21

Beugung ▶ Flexion ▶ Deklination ▶ Konjugation

bezügliches Fürwort ▶ Relativpronomen

Bezugssatz ▶ Relativsatz

Bezugswort Wort, auf das sich ein anderes Wort bezieht; z. B. haben alle Begleiter, Adjektive, Präpositionen und Relativpronomen Bezugswörter.
auf ***dem Tisch****;* ***die Frau****, die ich sah* 10

Bindestrich **-** wird als Trennstrich oder Ergänzungszeichen verwendet **S. 58 ff.**

Bindewort ▶ Konjunktion

Bruchzahl Zahlwort, das den Teil eines Ganzen angibt. *ein Viertel, zwei Drittel* 52

D

dass-Satz, nicht eingeleiteter 67

Dativ 3. Fall, Wem-Fall. *dem Nachbarn; mir*

Definitartikel ▶ Artikel

Deklination (Beugung, Flexion) Veränderung von deklinierbaren Wörtern durch Anhängen von Endungen, um verschiedene Kasus- und Numerusformen zu bilden 11

Demonstrativpronomen (hinweisendes Fürwort) *dieser, jenes* 10

Dialekt Mundart. *Badisch, Berlinerisch, Sächsisch*

Diphthong (Zwielaut). Doppellaut. *äu, eu, ai*

direkte Rede (wörtliche Rede) *Er sagte: "**Ich gehe jetzt.**"* **75 ff.**

Doppelpunkt : steht vor Aufzählungen und wörtlicher Rede **75 ff.**

E

Eigenname Name für Personen, Tiere, Gebäude, Städte, Flüsse, Länder
Groß- und Kleinschreibung bei Eigennamen **15, 51**

Eigenschaftswort ▶ Adjektiv

Einzahl ▶ Singular

F

Fall ▶ Kasus

feminin (weiblich) ein Genus. *die Tanne* **45**

finite Form konjugierte (gebeugte) Form bei Verben. *ich gehe, du spielst*

flektiert (gebeugt), **Flexion** (Beugung) Zusammenfassende Begriffe für *dekliniert/Deklination* (bei Nomen, Pronomen und Adjektiven) und *konjugiert/Konjugation* (bei Verben). Gegensatz: *unflektiert* **11**

Fragepronomen ▶ Interrogativpronomen

Fragesatz endet mit einem Fragezeichen. *Wo bist du?*

Fragewort leitet Fragesätze ein. Hierzu gehören Interrogativpronomen und -adverbien. *wer? was? wo?*

Fragezeichen ? schließt Fragesätze ab

Fremdwort Wort, das aus einer anderen Sprache ins Deutsche übernommen wurde und dessen Schreibung und Aussprache weitgehend erhalten sind. *Computer, Facette / Fassette, Visite* **44 ff.**

Fürwort ▶ Pronomen

Fugenelement/-laut eingeschobener Hilfslaut. *sehen**s**wert, versehen**t**lich* **21 ,41**

G

Gedankenstrich – gliedert einen Satz

Genitiv 2. Fall, Wessen-Fall, ***des*** *Bruders, meiner*
Genitiv bei Abkürzungen **56**
Genitiv bei Fremdwörtern **45**
Genitiv bei Eigennamen auf -ce, -s, -ss, -ß, -z, -tz, -x **60**

Genus (Geschlecht) grammatisches Geschlecht. Geschlecht, das Dingen, Personen, Tieren und Pflanzen in der Grammatik zugewiesen wird. Maskulin (männlich): *der Garten*; feminin (weiblich): *die Blume*; neutral/neutrum (sächlich): *das Haus*

Geschlecht ▶ Genus

Geschlechtswort ▶ Artikel

gleichrangig grammatische Formen auf gleicher sprachlicher Ebene (z. B. gleichrangige Sätze)
Komma bei gleichrangigen Adjektiven, Haupt- und Nebensätzen **65 f.**

Grundform ▶ Infinitiv

Grundformgruppe ▶ Infinitivgruppe

Grundwort letzter Bestandteil eines zusammengesetzten Wortes, der die Wortart, bei Nomen auch das Geschlecht und den Numerus des zusammengesetzten Wortes (Kompositums) bestimmt. *die Haus**tür**, der Auto**reifen**, sonnen**gebräunt*** **60**

Grundzahl ▶ Kardinalzahl

H

Hauptsatz Aussagesatz. *Ich lese ein Buch.*
Das Komma bei Hauptsätzen sowie zwischen Haupt- und Nebensätzen **65 f.**

Hauptwort ▶ Nomen

Hilfsverb (Hilfszeitwort) *sein, haben, werden*

Hochdeutsch Standardsprache des Deutschen, wie sie auch an Schulen gelehrt wird

höfliche Anrede höfliche Anrede in der 3. Person. *Sie, Ihr* **16 f.**

Homonyme Wörter, die gleich geschrieben werden, aber unterschiedliche Bedeutung haben. *das Band – der Band, die Kiefer – der Kiefer*

Homophone Wörter, die gleich klingen, aber unterschiedlich geschrieben werden. *läute – Leute, Seen – sehen*

I

Imperativ (Befehlsform) ein Modus des Verbs. *Geh heim!* **61**

Imperfekt ▶ Präteritum

Indefinitartikel ▶ Artikel

Indefinitpronomen (unbestimmtes Fürwort) *alle, etwas, jeder* **13, 33 ff.**

indirekte Rede *Er sagte, sie sei gekommen.*

Infinitiv (Grundform) unkonjugierte/unflektierte Form des Verbs. *schreiben, laufen* **13, 28, 68 f.**

Infinitivgruppe (Grundformgruppe) *zu* + Infinitiv + Objekt oder Adverbial als Ersatz für einen Nebensatz **68 f.**

Interrogativpronomen (Fragefürwort) *welcher, wer, was?*

K

Kardinalzahl (Grundzahl) *eins, zwei, drei* **50**

Kasus (Fall) Deklinationsform (Nominativ, Genitiv, Dativ, Akkusativ), die Nomen, Adjektive, Pronomen, Artikel und Zahlwörter für die Übernahme einer Aufgabe im Satz annehmen

Klammern ( ) Satzzeichen, die erklärende Zusätze umschließen **77**

Komma gliederndes Satzzeichen **63 ff.**

Kompositum (zusammengesetztes Wort) Wort, das aus zwei oder noch mehr Wörtern zusammengesetzt ist. *Glückwunschkarte, Parkhaus, langlebig, untergehen*

Kongruenz (Übereinstimmung) Übereinstimmung der Wortendungen nach Genus, Numerus, Kasus und/oder Person. *gut**en Mutes**, schön**en Dingen**, ich fahr**e***

Konjugation (Beugung des Verbs) Veränderung des Verbs durch Anhängen verschiedener Endungen

Konjunktion (Bindewort) verbindet Satzglieder, Satzgliedteile, Hauptsätze und leitet Nebensätze ein. *und, oder, weil, wenn* **65 ff.**

Konjunktiv (Möglichkeitsform) ein Modus des Verbs. *Er sagt, er **sei** krank.*

Konsonant (Mitlaut)) *b, c, d, f, g* **36 ff.**

L

Laut Grundbaustein der gesprochenen Sprache

lokal Ort oder Richtung betreffend

M

männlich, maskulin ▶ ein Geschlecht. ***der** Jäger*

Mehrzahl ▶ Plural

Mitlaut ▶ Konsonant

Mittelwort der Gegenwart ▶ Partizip Präsens

Mittelwort der Vergangenheit ▶ Partizip Perfekt

Mittelwortgruppe ▶ Partizipialgruppe

Modalverb (modales Zeitwort) Verb, das die Art und Weise eines anderen Verbs oder einer Handlung näher bestimmt. *dürfen, müssen, können*

N

Nachsilbe ▶ Suffix

Namenwort ▶ Nomen

nebenordnende Konjunktionen *und, oder, aber*

Nebensatz inhaltlich vom Hauptsatz abhängiger Satz

Negation ▶ Verneinung

neutral (Neutrum, sächlich) ein grammatisches Geschlecht. ***das** Schiff*

Nomen (Hauptwort, Substantiv) Wort, das Lebewesen, Pflanzen, Gegenstände und nicht mit den Sinnen wahrnehmbare Dinge benennt. *das Haus, die Sonne* **10 ff., 45 ff.**

Nominalisierung (Substantivierung) Gebrauch eines Wortes als Nomen **10 ff.**

Nominativ (1. Fall, Wer-Fall) ***der*** *Löwe, ich, mein*

Numerale (Zahlwort) *zwei, dritter, fünfmal* **50 ff.**

Numerus (Zahl) Singular (Einzahl) und Plural (Mehrzahl). *der Baum, die Bäume; ich, wir, geht, gehen*

O

Objekt (Satzergänzung im Akkusativ, Dativ, Genitiv) ein Satzglied. *Tom besucht* ***seinen Onkel****.*

Ordinalzahl, Ordnungszahl *der erste, zweite, dritte* **51**

P

Parenthese (Einschub) Satz oder Teilsatz, der in einen anderen Satz eingeschoben wird und dessen Struktur unterbricht **71**

Partikel Wort, das nicht flektiert (verändert) werden kann. *ach, als, auf, denn, heute, selbst, vor*

Partizip (Mittelwort) Wird zur Bildung der zusammengesetzten Zeiten (Perfekt, Plusquamperfekt) und beim Passiv benötigt. Kann dekliniert auch als Adjektiv (*das* ***spielende*** *Kind, der* ***gewachste*** *Tisch)* und als Nomen (***Folgendes, die Gezeichneten***) benutzt werden. **10 ff., 29 f.,**

Partizip Perfekt, Partizip II (Mittelwort der Vergangenheit) *gegang**en**, gespiel**t**.* Bildung: Bei schwachen Verben *ge-* + Verbstamm + *-t*, bei starken Verben *ge-* + Perfektstamm + -en.

Partizip Präsens, Partizip I (Mittelwort der Gegenwart) Bildung: Infinitiv + *d*. *gehen**d**, sprechen**d***

Partizipialgruppe (Mittelwortgruppe) Partizip + Objekt oder Adverbial als Ersatz für einen Nebensatz
Komma bei Partizipialgruppen **69 f.**

Passiv Leideform. *er* ***wird geschlagen****, er* ***ist geschlagen***

Perfekt (vollendete Gegenwart) eine der sechs Zeiten. *ich bin gegangen, ich habe gespielt*

persönliches Fürwort ▶ Personalpronomen

Personalpronomen (persönliches Fürwort) *ich, er, wir*

Plural (Mehrzahl) *die Häuser, die Pferde*
Plural bei Abkürzungen **56**
Plural bei Fremdwörtern **45**

Plusquamperfekt (vollendete Vergangenheit) eine der sechs Zeiten. *ich war gegangen, ich hatte gespielt*

Possessivpronomen (besitzanzeigendes Fürwort) *mein, dein, unser, Ihr*

Prädikat (Satzaussage) ein Satzglied. *Es **regnet**.*

Präfix (Vorsilbe) nicht trennbarer oder trennbarer Wortteil, der einem anderen Wort vorangestellt wird und mit diesem ein neues Wort bildet. ***An**schaffung, **be**gleiten, **er**klären, **vor**lesen, **zurück**gehen, **statt**finden* **25 f., 28**

Präposition (Verhältniswort) *mit, von, gegen, in* **11 f., 17, 30 ff.**

Präsens (Gegenwart) eine der sechs Zeiten. *ich gehe, ich spiele*

Präteritum (Imperfekt, Vergangenheit) eine der sechs Zeiten. *ich ging, ich spielte*

Pronomen (Fürwort) Stellvertreter von Nomen. *ich, du, dieser, jeder, alle* **16 f., 32 ff.**

Punkt . ein Satzzeichen, meistens Schlusszeichen am Satzende.
Punkt bei Abkürzungen **54 f.**
Auslassungspunkte **S. 77 f.**
Punkt bei der wörtlichen Rede **75 ff.**

R

Reflexivpronomen (rückbezügliches Fürwort) *Ich wasche **mich**.*

Reflexivverb (rückbezügliches Verb) *sich wundern*

Relativpronomen (bezügliches Fürwort) leitet einen Relativsatz ein. *Die Geschäftspartnerin, **die/welche** ich gestern traf, ist heute wieder abgereist.*

rückbezügliches Fürwort ▶ Reflexivpronomen

rückbezügliches Verb ▶ Reflexivverb

S

sächlich ▶ neutral

Satzellipse verkürzter Satz. Glück gehabt! Gut so. Dein Pech.

Satzgegenstand ▶ Subjekt

Satzglied ein oder mehrere Wörter, die eine bestimmte Aufgabe im Satz erfüllen (Subjekt, Prädikat, Objekt, Adverbial)

Satzgliedteil ▶ Attribut

Satzzeichen gliedern Sätze (Komma, Punkt, Gedankenstrich ...)

Schlusszeichen schließen einen Satz ab (Punkt, Frage- und Ausrufezeichen)

Schrägstrich / ein Satzzeichen

Selbstlaut ▶ Vokal

Semikolon (Strichpunkt) **;** ein Satzzeichen **72**

Silbe Sprecheinheit in Wörtern. *re-den, Kon-trol-le / Kont-rol-le*

Silbentrennung Trennung von Wörtern nach Sprecheinheiten

Singular (Einzahl) *das Haus, ein Pferd, ich*

Stammprinzip wichtige Regel für die Rechtschreibung **38**

Standardsprache Hochdeutsch, Schriftsprache

Stellvertreter ▶ Pronomen

stimmhafter s-Laut und **stimmloser s-Laut** **39**

Strichpunkt ▶ Semikolon

Substantiv ▶ Nomen

Substantivierung ▶ Nominalisierung

Suffix (Nachsilbe, Anhängsel) Wortteil, das nicht als selbstständiges Wort vorkommt; wird an ein Wort (*Mitglied**schaft***) oder einen Wortstamm (*laun**isch***) angehängt und bildet so ein neues Wort.

T

Tätigkeitswort ▶ Verb

Tempus Zeit. *Präsens, Perfekt, Futur*

trennbare Präfixe bei Verben. ***ab**fahren, **vor**ziehen; ich fahre ab* **22 f., 25 f., 28**

U

Umgangssprache Sprache, die im Alltag benutzt wird, aber nicht als Standardsprache gilt und deshalb im Schriftlichen nicht verwendet wird

Umlaut *ä, ö, ü. V**ä**ter, M**ö**hre, tr**ü**b* **38**

Umstandsbestimmung ▶ Adverbial

Umstandswort ▶ Adverb

unbestimmtes Pronomen ▶ Indefinitpronomen **13 f., 34 f.**

unbestimmtes Zahlwort *einige, manche, viele* **13 f.**

untrennbare Verbindung, untrennbares Verb alle Verbformen bleiben ungetrennt. *ich tiefkühle, werde tiefkühlen, habe tiefgekühlt* **24, 26, 28**

V

Verb (*Zeitwort*, **Tätigkeitswort, Tunwort)** *laufen, schreiben, bleiben* **10, 22 ff.**

Verbstamm (Stamm des Zeitworts) ergibt sich, wenn man am Ende des Infinitivs *-en/-ern/-eln* wegstreicht. *spiel~~en~~, wand~~ern~~, kling~~eln~~* **21**

Verbzusatz Adverb, Präfix, Nomen, Präposition oder Adjektiv, das wie eine Vorsilbe eines Verbs benutzt wird. ***hier**bleiben, **vor**gehen, **statt**finden, **warm**halten*

Vergangenheit ▶ Präteritum

Verhältniswort ▶ Präposition

verkürzter Satz (Satzellipse) *Glück gehabt!*

Verneinung (Negation) einzelner Wörter oder ganzer Sätze
Getrennt- und Zusammenschreibung mit *nicht* **31 f.**

Verschmelzung Verbindung von Präposition und Artikel *im (in + dem), ans (an + das)* **11f.**

Vokal (Selbstlaut) *a, e, i, o, u* Schreibung der Vokale **37 ff.**

Vollverb, vollwertiges Zeitwort *fahren, strahlen, helfen*

Vorsilbe ▶ Präfix

W

weiblich ▶ feminin

Wem-Fall ▶ Dativ, **Wen-Fall** ▶ Akkusativ,
Wer-Fall ▶ Nominativ, **Wessen-Fall** ▶ Genitiv

wörtliche Rede ▶ direkte Rede **75 ff.**

Wortfamilie Wörter, die alle vom selben Wortstamm abgeleitet sind.
send → ***send**en*, ***Send**eschluss*, *Ver**sand***

Wortfuge Stelle, an der bei zusammengesetzten Wörtern das eine Wort aufhört und das nächste beginnt. *Ton|leiter, fort|gehen*

Wortgruppe aus mehreren Wörtern bestehende Sinneinheit. *drei Jahre alt, schrecklich laut* **65, 67**

Wortstamm Baustein für Wörter *wort, hand, viel* **38**

Z

Zahl ▶ Numerus

Zahlwort ▶ Numerale **10, 49 ff.**

Zeit / (Tempus) Es gibt im Deutschen sechs Zeiten: Präsens, Imperfekt, Perfekt, Plusquamperfekt, Futur I, Futur II

Zeitwort ▶ Verb

Zitat, zitieren eine Textstelle wörtlich wiedergeben **77 f.**

zusammengesetztes Wort ▶ **Kompositum**

Zwielaut ▶ Diphthong

Zusatz Zusätzliche Information in einem Satz, die durch Komma abgetrennt ist. *Ich habe, **ohne die Zusatzkosten**, genau 30 Euro bezahlt.* **72**

Sach- und Stichwortverzeichnis

In der folgenden Liste finden Sie zahlreiche Stichwörter, die in diesem Buch im Rahmen einer oder mehrerer Rechtschreibregelungen behandelt werden. Dahinter wird auf die entsprechende Regelnummer und die Seite verwiesen, wo die Regel beginnt.

Falls Sie ein gesuchtes Stichwort in dieser Liste nicht finden, orientieren Sie sich bitte im Inhaltsverzeichnis auf den Seiten 4 bis 8 oder unter einem treffenden Fachbegriff in der *Erklärung grammatikalischer Fachbegriffe* ab Seite 78.

Bei manchen Wörtern wird durch fettgedruckte Hervorhebungen einzelner Buchstaben auf besondere Schreibungen hingewiesen.

R bedeutet **Regel.**